JN412453

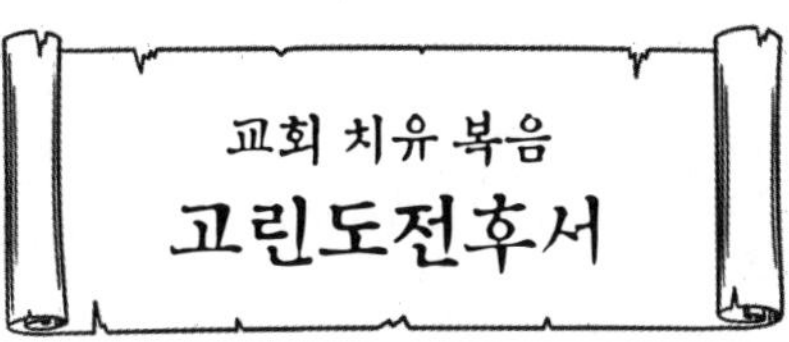
교회 치유 복음
고린도전후서

교회 치유 복음

고린도전후서

글쓴이 서무석

문서사역
|종|려|가|지|

머리말

책을 내며.

이 책은 신앙생활을 말한 많은 책 중에 하나로서,
보고, 읽고, 은혜가 된 부분은 모두 하나님의 작품이고
은혜 되지 못한 부분은 제 작품입니다.

혹시 오해될 내용이 있을 수 있습니다.
말씀해 주시면 겸허히 수용하겠습니다.

한치호 목사님께서 설교원고를 책으로 출판해보자고
말씀하셨을 때도 그렇고 책으로 완성시킨 지금도,
보여줄 내용이 없는 책을 하나 더 만든 것 같아서
부끄러워 얼굴을 들지 못하겠습니다.

마지막으로,
부족한 부분이 많아 인용할 만한 내용도 없어 보이지만
내용 중에 일부 필요한 부분을 인용하실 수 있으며,
인용하시는 부분은 독자 여러분의 것입니다.

2019년 8월

서무석 올림

차 례

Corinthia

차 례

〈 고린도후서 〉

교회 치유 복음

고린도전서

1 | 하나님의 교회

고전 1:1~3

세상 모든 사람에게는 예수님이 필요합니다. 예수님이 필요 없는 사람은 단 하나도, 아무도 없습니다. 왜 그렇습니까?

모든 사람이 아담의 후손으로 다 죄인이기 때문입니다.

죄인을 구원하시려고 하나님께서 보내신 구세주가 바로 예수님이십니다. 모든 죄인은 오직 예수님으로만 구원에 이르게 됩니다. 할렐루야!

주님은 이렇게 자기가 멸망할 수밖에 없는 죄인임을 인정하고, 예수님을 구주로 믿고, 주님으로 영접한 사람들의 구주가 되어주십니다.

그래서 교회에는 세상 모든 족속이, 다양한 사람들이 모이게 됩니다.

교회는 다양한 사람이 모여 예수를 구주로 고백하며 하늘나라의 백성으로 만들어지는 곳입니다. 그러니, 많은 문제가 생길 수도 있습니다.

바울은 먼저 자신을 사도라고 소개하고 있습니다.

:1 하나님의 뜻을 따라 그리스도 예수의 사도로 부르심을 받은 바울과 형제 소스데네는.

사도라는 말은 보냄을 받은 자란 의미입니다. 전권(全權)을 위임받은 특사라는 뜻입니다. 바울은 자신이 다메섹 도상에서 직접 예수님으로부터 부르심을 받은 사실을 근거로 해서(행 9:15) 자신의 사도됨은 하나님의 주권적인 뜻을 따라 된 것임을 명백히 합니다.

:1 형제 소스데네/ 고린도에 있는 유대인 회당의 회당장이었으며, 유

대인들이 바울을 총독 갈리오에게 송사(訟事)할 때 바울 대신에 유대인에게 매를 맞은 사람이었습니다.(행 18:12-17)

주님의 교회에서 주의 종이, 주의 종으로 그냥 받아지고, 인정되어야 하는데, 주님의 교회에서 주의 종이, 주의 종으로 자신을 변호한다는 것은, 불행한 모습이지요.

교회에서 하나님의 말씀 때문에 또는 육적인 일 때문에 목회자와 싸우지 마십시오. 이런 일은 말씀을 거절한 욕심에서 시작됩니다. 그런가 하면 주의 종을 대신해서 욕을 먹는 사람도 있습니다. 세상에서는 이런 사람을 바보 취급합니다. 그러나 주님은 분명히 갚아주십니다. 서로 인정하고, 아끼는 모습은 당연한데 요즘에는 귀하게 보입니다.

목사는 주님이 세우시고 일하시는 통로입니다. 이제, 성도는 자신의 신분을 확인해 봐야 합니다.

:2 고린도에 있는 하나님의 교회 곧 그리스도 예수 안에서 거룩하여지고 성도라 부르심을 받은 자들과 또 각처에서 우리의 주 곧 그들과 우리의 주 되신 예수 그리스도의 이름을 부르는 모든 자들에게.

성도는, 예수 피로 구원 받았음을 잊으면 안 됩니다.

피의 은혜를 잊으면, 교만과 방종이 나타납니다.

고린도는 주전 146년에 파괴된 도시를 주전 44년에 율리우스 카이사르가 복구했습니다. 그 후 급속히 성장하여 아우구스토 황제에 이르러 아가야(Achaia)의 수도가 되고, 바울 당시에는 인구 60만을 헤아리는 대도시로 발전했습니다.

이 도시는 상업의 도시로 번창했으나 반면에 도덕적, 영적인 측면에서는 극히 암담하고 무질서하였습니다. 많은 우상을 숭배했고(행 17: 16-22) 생활은 음란했습니다. '고린도화 되었다' 는 말이 '추악한 음행을 행한다'는 의미로 사용될 정도였습니다.

:2 고린도에 있는 하나님의 교회 곧 그리스도 예수 안에서 거룩하여지고 성도라 부르심을 받은 자들과.

세속과 죄악과 우상숭배의 자리에 하나님의 교회가 세워졌습니다. 그리고 그 교회는 분열과 다툼이 있었습니다. 분열과 다툼이 있는 그 교회에 하나님의 교회라고 부르고 있습니다.
고린도교회 성도들은 모두가 타락하지는 않았지만, 부패한 고린도의 세속적인 영향으로, 고린도교회도 상당히 타락한 모습을 보여줍니다. 그럼에도 불구하고 바울은 고린도 교회를 성도라고 부르고 있습니다. 우리가 보기에 어떤 교회나 성도가 부족하고, 연약해 보여도, 예수님의 은혜와 성령의 간섭은 계속되고 있음을 믿으시기 바랍니다. 또한 은혜가 있을 때, 신앙생활을 잘 하시기 바랍니다.

각처에서 우리의 주 곧 그들과 우리의 주 되신 예수 그리스도의 이름을 부르는 모든 자들에게.
고린도전서가 비록 고린도교회에 보내진 것이라 할지라도 지상의 모든 교회들에게 주신 하나님의 말씀인 줄 믿으시기 바랍니다.
우리는 우리가 믿는 믿음을 통하여서 예수 그리스도와 영적으로 연합했기 때문에, 하나님 앞에서 거룩한 자녀라는 신분을 갖게 되었습니다. 그러므로 우리는 지금 부족함이 많을지라도 하나님의 자녀라는 자부심을 갖기 바랍니다. 거룩한 성도의 자부심을 갖기 바랍니다. 할렐루야!
여기에서 우리가 생각하고 넘어갈 것이 있습니다.
신약성경에 보면 교회를 성도의 모임과 성도가 모이는 건물을 교회라고 말했습니다.(롬16:5,고전16:19,골4:15,몬:2, 히4:16)

사람이 교회이지만(교회의 구성요소: 사람, 건물, 예배, 헌법 정치 2장 4조) 건물도 소중히 여기시기 바랍니다.

:3 하나님 우리 아버지와 주 예수 그리스도로 좇아 은혜와 평강이 있기를 원하노라.

은혜/ 하나님이 인간에게 그리스도 안에서 값으로 계산 불가한 것을 대가없이 주시는 선물입니다–십자가 보혈 안에서 죄 사함의 축복, 하나님 자녀의 복.

평강(히, 샬롬) 적극적으로 축복이 있어서 풍요로운 영적 상태를 의미합니다.

교회를 멀리하지 마십시오. 주님은 교회를 세우시고, 교회를 통하여 성도를 양육해 가십니다.

성도는 교회로 모여서, 교회 안에서 은혜와 평강을 누릴 수 있습니다. 성도는 교회로 모여서, 교회 안에서 예수님의 형상으로 만들어져가야 합니다.

2 주님과 사귐

고전 1:4~9

우리는 예수님을 믿고, 섬기는 생활을 하지요. 우리가 예수님을 믿고, 섬기는 신앙생활을 한다고 할 때, 내가 하는 것 같습니다. 그런데, 내가 하는 것이 아니라 주님이 하게 해 주신다는 것입니다.

:2 성도라 부르심을 받은 자들–세상에서, 죄악 가운데서, 불러 내셨습니다.
:9 너희를 불러–성도로 불러주셨습니다.
내게 어떤 능력이 있어서 내가 교회에 나오고, 내가 신앙생활을 하고, 내가 신앙생활을 해준다면 우리는 항상 교만할 것입니다. 우리의 신앙생활은 하게 해 주셨기 때문에 한다는 것을 알아야 합니다.
세상의 모든 종교는 사람이 자기 나름대로 신을 만들고, 찾아가서 신앙생활을 합니다. 그러나 우리의 신앙생활은 주님의 부르심에 대한 우리의 응답입니다. 먼저 부르시고 그 후에 응답입니다.
마귀의 종 되며, 죄인인 인생이 하나님을 찾아 알 수 없는 고로 하나님께서 우리를 찾아오신 것입니다.
예수님의 십자가 보혈로 죄를 사하시고 성령으로 우리 영혼을 살려 주셨기 때문에 우리가 하나님을 알고, 섬기는 신앙생활을 하게 된 것입니다.

찾아오셔서 부르신 이유가 무엇입니까?
:9 너희를 불러 은혜를 주시고, 그 은혜로 교제케 하시는 것은

:8 견고케 되어// 주의 재림을 기다리도록 하기 위함입니다.

:4 그리스도 예수 안에서 너희에게 주신 하나님의 은혜로 말미암아 내가 너희를 위하여 항상 하나님께 감사하노니

우리를 불러 주심이 은혜입니다.

은혜-값없이 거저 주시는 선물.

주님의 부르심은 우리가 잘 낫기 때문에 부르신 것이 아닙니다.

고린도 교인들도 여러 면에서 연약하고, 부족한 문제투성이였습니다.

그럼에도 주님이 부르셨기 때문에 은혜를 입은 하나님의 백성이라고 말씀하십니다. 사도 바울도 예수님을 믿는 사람을 잡아 죽이던 사람이었습니다. 그가 주님의 은혜를 입어 사도가 되었습니다.

누구든지 은혜를 받으면 변화될 수 있습니다. 그러므로 기도해 주세요.

누구든지 은혜를 받으면 변화될 수 있습니다. 그러므로 전도하십시오.

기도와 전도는 주님의 부르시는 일에 동참하는 것입니다.

:5 이는 너희가 그의 안에서 모든 일 곧 모든 언변과 모든 지식에 풍족하므로.

먼저, 문제투성인 고린도교회 성도를 높여주고 있는 모습이지요.

주님의 은혜 안에서 언변과 지식이 풍족하니 감사한다고 하였습니다.

언변-성경 진리

지식-그리스도 예수를 아는 지식(빌 3:8), 곧 그리스도와 그의 십자가의 죽으심과 부활의 지식입니다.

풍족하므로-예수님에 대한 일들을 알고, 말하는 일에 있어서 하나님께서 풍성히 축복하여 주셨다는 말이지요.

예수님을 믿는 사람이 말을 잘하지요/ 많이 듣고, 많이 알기 때문에 말을 잘합니다. 그런데, 성도에게 말 잘하게 하신 것은 아는 체하고, 싸우고, 다투라는 것이 아닙니다. 주님을 말하라고 전도하라고 주시는 은혜입니다.

성도가, 세상일에는 말을 잘하고 복음에는 입을 다물고 다니는데, 복음이 아닌 것에는 입을 다물고 복음을 전하는 일에는 입을 여시기 바랍니다.

:7 너희가 모든 은사에 부족함이 없이 우리 주 예수 그리스도의 나타나심을 기다림이라.

고린도교회 성도들에게는 믿음, 지식과 같은 내적인 은사뿐 아니라, 방언과 예언, 이적 행함과 병 고침, 같은 외적인 은사들도 풍성했습니다.

풍성한 은사를 주신 목적은 예수님의 재림을 기다리라는 것입니다. 초대교회 당시에 풍성한 은사를 주신 것은 핍박과 세상의 유혹을 이기고 천국을 바라보라고 주신 것입니다.

그런데 고린도교회 성도들은 이 은사를 갖고, 주님의 재림을 기다린다고 하면서, 자랑하고, 싸우며, 죄에 젖어 살았습니다.

우리에게 주신 은혜와 직분이 있다면 그것은 고난과 유혹을 이기라고 주어진 것입니다. 나를 자랑하고, 죄를 짓는데 사용하라는 것이 아닙니다.

:8 주께서 너희를 우리 주 예수 그리스도의 날에 책망할 것이 없는 자로 끝까지 견고하게 하시리라.

체험의 신앙으로 주님의 재림을 기다립니다.

그러나 그것도 우리 안에서 주님이 힘주시고, 주님이 하시는 일입니다.

:9 너희를 불러 그의 아들 예수 그리스도 우리 주로 더불어 교제하게 하시는 하나님은 미쁘시도다.

모든 성도들은 하나님의 부르심을 받은 대상입니다.
하나님의 부르심의 목적은 하나님께서 인간과 교제하게 하기 위함입니다. 교제란 연합과 사귐이라는 말로 기독교 신앙의 중심입니다.
성도는 말씀 안에서 예수님과 교제하며 거룩함이 완성되어 갑니다.
예수님과 사귐은 성도의 최고의 영광이며 신앙생활의 핵심입니다.
구원받았습니까? 신앙생활하십니까? 성도의 신앙생활은 날마다 예수님과 교제하는 생활입니다.
구원 받은 생활이란, 날마다 예수님과 교제하는 생활입니다.(구원의 증거)
하나님은 말씀이십니다. 말씀을 통하여 주님과 교제함이 없으면 신앙생활을 안 하고 있는 것입니다. 신앙생활은 말씀으로 사는 생활입니다. 날마다 주님과 교제하는 성도가 재림의 주님을 만나게 됩니다. 날마다 주님과 교제하는 성도가 깨어있는 성도입니다. 은사도 직분도 상관없습니다. 부르시고, 은혜 주셨으니 주님과 동행하는 생활을 하십시오.
우리에게 은혜와 은사가 있습니까? 주님이 우리를 부르시고 은혜를 주시고 견고케 하심은, 자랑하고, 다투고, 간섭하라고 주신 것이 아닙니다. 예수님의 정결하고, 경건한 신부로 준비되어, 주의 재림을 사모하며, 주님의 나라를 바라보도록 하기 위함이십니다.

3 | 온전히 합하라

고전 1:10(10~16)

사람들이 이유 없이 하나 된다는 것은 쉽지 않습니다. 죄인이, 하나가 되는 것은 언제나 각자 이익을 바라는 욕심이 밑바탕에 있지요. 그러나 이제 성도는 예수님의 보혈의 은혜로 하나 되어야 합니다.

고전 1:12,13 이는 다름 아니라 너희가 각각 이르되 나는 바울에게, 나는 아볼로에게, 나는 게바에게, 나는 그리스도에게 속한 자라 하는 것이니, 그리스도께서 어찌 나뉘었느뇨 바울이 너희를 위하여 십자가에 못 박혔으며 바울의 이름으로 너희가 세례를 받았느뇨.

고린도 교회에 문제가 있었는데 그것은, 분쟁이 있어 나누어 졌다는 것입니다. 나누어진 이유는 각자의 욕심과 명예 때문입니다.

사람은 욕심의 존재이기 때문에 사람을 따라가면 나누어지고, 싸울 수밖에 없습니다.

교회는 십자가에서 피 흘리신 예수님께서 세우신 것이지, 사람의 능력으로 세워진 것이 아닙니다. 내가 누구 때문에 죄 사함 받고, 누구 때문에 천국 가는 지 잘 알아야 합니다–예수님의 피.

사람이 교회의 중심이 되려고 한다면 언제나 나누어지고 다툴 수밖에 없습니다. 교회는 예수님의 십자가 피 위에서 감사로 하나 되어야 합니다. 교회가 하나 되지 못하고, 나누어지고, 다투고 있다면, (교회라고 말은 하지만) 교회가, 사람 중심이 되었다는 말입니다. 욕심으로 행한다는 말입니다. 성령으로 행하지 않고 있다는 말입니다. 감사를 잃었다

는 말입니다—교회가
주님은 우리를 십자가의 피로 불러 주셨고 성령으로 하나 되게 해 주셨습니다.

:10 형제들아 내가 우리 주 예수 그리스도의 이름으로 너희를 권하노니 모두가 같은 말을 하고 너희 가운데 분쟁이 없이 같은 마음과 같은 뜻으로 온전히 합하라.

교회는 사람들의 친목단체가 아닙니다. 교회는 십자가에 못 박힌 예수님의 은혜 때문에, 예수님의 사랑 때문에 모인 사람들입니다.
예수님의 사랑 때문에 모인 예수님의 몸입니다. 사람끼리 모인 것은, 주님의 교회가 아닙니다. 그러므로 교회는 예수님으로, 예수님의 피로 하나 되어야 합니다.
교회는 나와 같은 말, 나와 같은 마음, 나와 같은 뜻을 가진 사람들의 모임이 아닙니다.

- 예수님과 같은 말로 모여야 합니다. 예수님은 언제나, 하나님의 말을 했습니다. 믿음의 말, 사랑의 말, 감사의 말, 은혜의 말.
- 예수님과 같은 마음으로 모여야 합니다. 예수님의 마음을 품어야 합니다/ 온유하고 겸손한 마음입니다. 자기를 낮추는 마음입니다.
- 예수님과 같은 뜻(계획)으로 모여야 합니다. 예수님을 닮아가야 합니다. 영혼을 구원하고자 하는, 구령의 열정으로 모여야 합니다.

교회는 예수님과 같은 말, 같은 마음, 같은 뜻을 갖고 모여야 합니다.(예수님이 주인)
열심히 모여서는 같은 말을 하고, 같은 마음을 품고, 같은 계획을 나누어야 합니다.
성도의 모임에서, 예수님의 십자가의 은혜를 빼면 모일 이유가 없습니다. 예수님의 십자가의 은혜를 빼면 모여서 하나 될 수 없습니다. 예수님의 십자가의 은혜를 빼면 하나의 목표를 가질 수 없습니다.

엡 4:3 성령의 하나 되게 하신 것을 힘써 지키라.
갈 5:19~21 육체의 일은 현저하니 곧… 술수와 원수를 맺는 것과 분쟁과 시기와 분냄과 당짓는 것과 분리함과 이단과 투기와… 또 그와 같은 것들이라 전에 너희에게 경계한 것 같이(또)경계하노니 이런 일을 하는 자들은 하나님의 나라를 유업으로 받지 못할 것이요.
(교회는 자기 자랑하는 곳이 아니다. 예수님 자랑하는 곳이다)
성도들이 마침내 가야할 곳은 하나님의 나라이고, 하나님의 나라는 예수님이 주인이십니다. 보혈과 성령으로 하나된 것을 힘써 지키지 않으면 육체의 다툼이 일어납니다. 우리는 하나된 것을 힘써 지킬 뿐 아니라 사랑으로, 감사로 지켜야 합니다.

고린도교회의 문제는 밖으로부터 오는 핍박의 문제가 아니라, 오히려 교회안에서 생긴 부패와 타락의 문제였습니다. 곧, 이 시대 우리의 문제입니다.(교회는 예수님을 닮는 곳이요. 예수님의 사명을 이루어 드리는 곳이다)
고린도교회는 지식도, 은사도 풍성했습니다. 그러나, 주님의 십자가의 사랑을 중심으로 행하는 사랑과 감사는 부족했습니다.
자기의 형편과 체면과 욕심과 고집을 말하면/ 성령으로 하나 될 수 없습니다. 십자가 보혈의 은혜와 성령으로 모이지 않으면 단지 시끄러운 죄인의 모임일 뿐입니다. 성도는 하나가 되어 주님을 말하고 주님의 은혜를 말하고 교회를 세워나가야 합니다.

갈 5:25,26 만일 우리가 성령으로 살면 또한 성령으로 행할지니, 헛된 영광을 구하여 서로 격동하고 서로 투기하지 말지니라.

성도는, 주님의 교회에서 하나가 되어야지 나누어져서는 안 됩니다.

구약 교회에 베냐민 지파가 있습니다.

야곱의 부인 라헬이 고통중에 아들을 낳으면서 그 이름을 베노니 라고 했는데 야곱이 베냐민으로 불렀다. 베노니 란 고통의 아들이란 뜻이며 베냐민 이란 오른손의 아들이라는 뜻입니다.

우리는 예수님 밖에 있을 때, 고통의 아들이었지만, 예수님 안에서 성도요, 하나님의 자녀, 오른손의 아들이 된 줄 믿으시기 바랍니다.

이제 성도들은 하나님의 자녀처럼 생각하고, 말하고, 행동하시기 바랍니다. 성도들의 생각과 말과 행동은 하나님의 일하시는 통로입니다. 작고 부정적이 생각은 하나님으로 일하시게 하지 못합니다. 적극적이고 긍정적인 생각이 하나님으로 일하시게 할 수 있습니다.

구약 이스라엘의 초대 왕 사울은 베냐민 지파 사람이었습니다.

사울이 죽고 다윗이 왕이 되고 그 후에 나라가 유다와 이스라엘로 나뉘게 되었지요. 이 때, 베냐민 지파는 어떻게 보면 원수와 같은 유다지파와 함께 합니다. 그리고 바벨론 포로 이후에 귀환할 때도 베냐민은 유다와 함께 합니다.

왜 그럽니까? (하나님의 약속이, 유다지파 다윗에게 있었기 때문이다)

베냐민 자파는, 하나님의 성전과 하나님의 약속의 말씀을 의지하고, 우선시했기 때문입니다. 하나님의 말씀 앞에서 육신적인 대립은 무의미하다는 것입니다. 이것이 구약 교회의 모습입니다.

그렇다면, 예수님의 피와 성령으로 구원받은 신약 교회는 더 아름다워야 할 것입니다.

교회에서는 내 기준에 맞추어 일할 수 없습니다. 내 욕심을 부릴 수 없습니다. 교회가 친목단체가 될 수도 없고 교회에 분당이나 파벌이 있어서도 안 됩니다. (자기 말 하지 말고, 목회자와 말씀과 하나 되십시오. (계2:1, 히13:17))

교회는, 예수님의 피 때문에 생겨졌고/ 예수님의 피로 하나 된, 하나님의 자녀들이 모인 곳입니다. 그러므로, 교회는 예수님의 사랑과 성령으로 하나 되어야 합니다.

교회는, 내 욕심과 사심을 내려놓고 예수님과 같은 말, 예수님과 같은 마음, 예수님과 같은 뜻을 갖고 하나 되어야 합니다.

:10 형제들아 내가 우리 주 예수 그리스도의 이름으로 너희를 권하노니 모두가 같은 말을 하고 너희 가운데 분쟁이 없이 같은 마음과 같은 뜻으로 온전히 합하라.

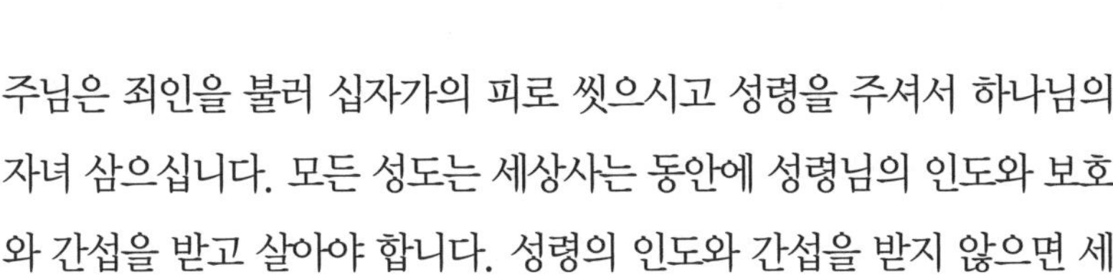

4 전도

고전 1:22~24

주님은 죄인을 불러 십자가의 피로 씻으시고 성령을 주셔서 하나님의 자녀 삼으십니다. 모든 성도는 세상사는 동안에 성령님의 인도와 보호와 간섭을 받고 살아야 합니다. 성령의 인도와 간섭을 받지 않으면 세상과 육신과 마귀에게 속으며 살게 됩니다.

세상을 따라, 마귀를 따라, 육신의 정욕과 안목의 정욕과 이생의 자랑으로 살게 됩니다. 사망의 길을 가고 있으면서 생명의 길을 가는 줄 알고 살아가게 됩니다. 그러므로 성도는 성령으로 살아야 합니다.

성도가 성령님의 인도와 간섭을 받고 살면 성령님은 성도를, 주의 나라와 의를 구하며 자기 영혼을 성공시키는 자로 만들어 가십니다.

예수님의 보혈로 구원 받은 성도가 이 땅에 살고 있는 것은 아직 할 일이 있기 때문입니다. 그것은 예수님의 복음을 전하여 영혼을 구원하는 일입니다.

주님은 이 일을 십자가의 피로 구원하신 성도에게 맡겨주셨습니다.

막 16:15,16 또 이르시되 너희는 온 천하에 다니며 만민에게 복음을 전파하라. 믿고 세례를 받는 사람은 구원을 얻을 것이요 믿지 않는 사람은 정죄를 받으리라.

성도에게는 내가 구원받은 것처럼, 또한 영혼을 구원하기 위해 복음을 전할 사명이 있습니다. 이것은 천국을 주신 주님의 명령입니다. 명령은 해도 되고 안 해도 되는 것이 아닙니다. 명령에는 타협이 없습니다.

성도가 복음을 전할 때 불신자의 반대를 받으면, 불신자들은, 똑똑해 보이고, 뭐든지 다 아는 것 같고, 성도는, 괜히 부끄럽고, 미안하고, 자신이 작고 초라해 보이지요. 그래서 다시는 복음을 전하지 않겠다고 하는, 어리석은 다짐을 하기도 합니다.
그러나 기억해야 할 것은 우리가 예수님을 믿고 있는 것은, 모두가 전도를 통하여 된 것을, 기억하시기 바랍니다. 그러므로, 전도는 누구를 구원하든지, 구원의 시작이라는 것입니다.
주님은 전도를 통하여 믿는 자, 택한 자를 구원하십니다.
예수님의 복음을 전하는데 반대하는 것은 똑똑하다는 것이 아닙니다.
오히려 하나님을 알 수 있는 지혜가 없다는 표시입니다.

성도는 모두가 남 전도회원으로, 여 전도회원으로 하나님께 부름을 받은 사람입니다. 우리는 하나님을 알고 섬기는, 지혜자입니다.
그러므로 하나님을 모르는 사람들에게 전도할 때, 담대하시기 바랍니다. 이 시간에 우리는 하나님을 알지 못하는, 세상이 자랑하는 지혜가 얼마나 초라한가 하는 것을 듣기 원합니다.
죄인에게는 하나님을 알 수 있는 지혜와 총명이 없습니다.
모든 지혜와 총명이/ 자기 지식에 따라서 결정될 뿐입니다. (70억명)

오늘 말씀을 보면,
:22 유대인은 표적을 구하고 헬라인은 지혜를 찾으나. 유대인은 하늘로서 오는 표적을 보기를 원합니다.
무엇인가를 보여주면 믿겠다는 것입니다.(마 11:20~24 고라신, 벳세다, 가버나움) 그러나 실상 표적이 보여 진다고 할지라도 믿지 않습니다. (부자와 나사로) 왜냐하면, 죄인에게는, 하늘나라에 대해서 소망이 없기 때문입니다. 하늘나라를 볼 능력도 없습니다.
육신의 만족과, 세상에 대한 기대 밖에는 알고 있는 것이 없기 때문입니다. 그래서 무슨 이적이 있다고 할지라도 그냥 보고 아는 것으로 끝나는 것입니다.
예수님은 말없이 십자가에 죽고 부활하는, 요나의 표적을 보여주시겠다고 말씀하십니다. 십자가에서 피 흘려 죽으심이 죄인을 구원하고 천국을 주는 것이지, 표적이 죄인을 구원하고 천국을 주는 것이 아닙니다.

마 24장에 말세에 나타나는 이단이 있습니다. 능력 있다. 병 고친다. 예언이 다 맞는다. 그 다음에 무엇을 하겠다는 것입니까? 자기 욕심이요. 여기 속했다는 자랑뿐입니다. 능력을 따라가는 신앙생활보다 말씀을 따라, 십자가의 은혜를 따라 신앙생활 하십시오. 그러면 하나님께서, 시시때때로 능력으로 일하실 것입니다.
또, 헬라인은 지혜를 찾는다고 말씀하십니다. 헬라인의 지혜, 철학이 아무리 크다고 할지라도 세상 가운데, 죄인의 지혜 일 뿐입니다. 세상의 오묘한 말을 하지만 창조주 하나님에 대해서는 말하지 못합니다.

행 17:21 모든 아덴 사람과 거기서 나그네 된 외국인들이 가장 새로운 것을 말하고 듣는 것 외에는 달리 시간을 쓰지 않음이더라.
아덴(헬라) 사람들은 항상 새로운 학문을 듣기 원했습니다. 그리고 그들은, 그 지식으로 만들 수 있는 모든 우상을 만들었습니다. 그래도 부족해서 알지 못하는 신에게 라는 제단을 만들고 숭배했습니다.
세상 철학이 대단합니까? 우상과 귀신의 학문만 만들었습니다.
이런 세상의 표적과 지혜로는 하나님을 알 수 있는 방법이나, 지혜가 없습니다. 사람이 아무리 강하고, 지혜롭다고 해도, 세상의 지혜는 마귀의 권세 안에 갇혀있습니다. 이생의 자랑과 욕심에 갇혀 있는 미련한 지혜입니다. 하나님을 알 수 없습니다. 천국을 볼 수 없습니다.
예수님의 피를 붙들고 죄 사함 받아, 성령을 받을 때만 하나님과 천국이 보여 지는 것입니다. 내가 죄인임을 알고, 예수님의 대속의 피를 만나야 합니다.

:25 하나님의 어리석음이 사람보다 지혜롭고 하나님의 약하심이 사람보다 강하니라.

우리 죄를 대속하신 십자가의 피의 복음을 전하는 전도는 하나님께서 정하신 방법입니다. 전도는 미련하고, 약하고, 늦은 것 같지만 죄 사함을 받는 확실한 능력이 있습니다. 하나님을 만나고 천국에 이르는 확실한 능력이 있습니다. 그러므로 성도는 복음전하는 일에, 얼마든지 담대해도 됩니다. 또 담대해야 합니다. 성도는 특별히 주님께 선택을 받고, 부르심을 입은 사람입니다.
우리가 예수님을 믿는다는 것은 하나님의 가장 확실한 지혜로 된 것입니다. 내가 예수님을 믿고 있다는 것은 지금 하나님의 특별한 사랑을 받고 있다는 증거입니다.
예수님의 십자가의 피만이 죄인을 구원하며, 성도들의, 예수님을 만난 확실한 간증만이 한 영혼을 구원하게 됩니다.(전도합시다)

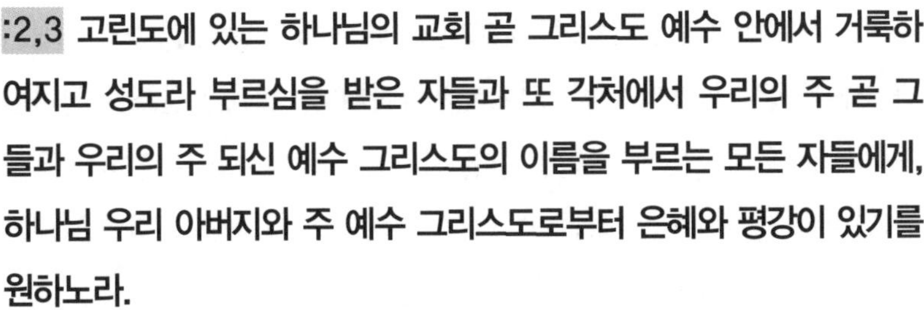

5 | 예수로 하나

고전 1:26~31

:2,3 고린도에 있는 하나님의 교회 곧 그리스도 예수 안에서 거룩하여지고 성도라 부르심을 받은 자들과 또 각처에서 우리의 주 곧 그들과 우리의 주 되신 예수 그리스도의 이름을 부르는 모든 자들에게, 하나님 우리 아버지와 주 예수 그리스도로부터 은혜와 평강이 있기를 원하노라.

성도는 주님께 부르심을 받은 자입니다. 부르심을 받았다는 말은 내 구원이, 나로부터 시작되었다는 말이 아닙니다. 주님이 원하시는 대로, 주님 뜻대로 뽑아내신 것입니다—감사할 뿐, 절대로 교만할 수 없다.

요 1:12,13 영접하는 자 곧 그 이름을 믿는 자들에게는 하나님의 자녀가 되는 권세를 주셨으니 이는 혈통으로나 육정으로나 사람의 뜻으로 나지 아니하고 오직 하나님께로부터 난 자들이니라.

성도가 예수님을 믿고, 하나님의 자녀가 된 것은 주님의 부르심으로 시작된 것입니다. 주님은 전도를 통하여 택하신 자들을 부르십니다. 지금도 주님은 전도를 통하여 택하신 자녀들을 부르고 계십니다. 주님은 먼저 사도들을 부르시고 복음을 전하게 하셨습니다. 또 먼저 복음을 받은 선교사들이 우리나라에 와서 복음을 전했습니다.

이제, 누가 전도해야 합니까? 바로 우리가(내가) 전도해야 합니다.

:26~28 형제들아 너희를 부르심을 보라 육체를 따라 지혜로운 자가

많지 아니하며 능한 자가 많지 아니하며 문벌 좋은 자가 많지 아니하도다. 그러나 하나님께서 세상의 미련한 것들을 택하사 지혜 있는 자들을 부끄럽게 하려 하시고 세상의 약한 것들을 택하사 강한 것들을 부끄럽게 하려 하시며. 하나님께서 세상의 천한 것들과 멸시 받는 것들과 없는 것들을 택하사 있는 것들을 폐하려 하시나니.

주님의 부르심을 입은 성도들을 보면 잘 난 사람이 많지 않다고 하십니다. 사람들은 다 자기가 잘 낫다고 생각합니다. 그런데 창조주 하나님 앞에서 모든 사람은 다 죄인입니다. 하나님을 외면하고, 부인하며 우상과 귀신을 섬기며 사는 죄인입니다. 거룩하신 하나님 앞에 죄인은 썩은 냄새를 풍기는 자 일 뿐입니다.

그럼에도 불구하고 못 낫 음에도 불구하고 주님께서 우리를 사랑하시는 줄 믿으시기 바랍니다. 미련하고, 약하고, 천하고, 멸시받는 우리를 하나님께서 사랑하셨고, 미련하고, 약하고, 천하고, 멸시받는 우리를 위해 예수님께서 죽어주셨고, 하나님의 자녀의 반열에 올려놓으셨습니다. 할렐루야! (이것이 엄청난 사건이며, 있을 수 없는 사건입니다)

이런 사람을, 전도를 통하여 부르신 교회가 고린도 교회이며,
또, 지금 이 시대에 우리 ○○교회입니다. 바로 우리들입니다.
연약하고, 멸시받는 우리를 부르신 주님의 계획은, 세상에서 지혜있다고, 강하다고, 권세있다고 하는 자들을 부끄럽게 하기 위한 것입니다. 세상 사람들이 원하는 표적과 세상이 말하는 지혜로서는 죄 사함이 없기 때문입니다.

:29 이는 아무 육체도 하나님 앞에서 자랑하지 못하게 하려 하심이라.

우리의 어떤 지혜나 능력으로 구원받은 것이 아니기 때문에 우리는 아

무도 자랑할 수 없습니다.
예수님 믿고, 천국 가는 것이 자기의 능력인 듯 교회에서 교만한 사람이 있습니다.
성도는 언제나 보혈의 은혜에 감사하고 말없이 충성할 뿐이지요. 주님의 은혜가 자기의 공로인 양 자기를 높이며 다니는 사람은 은혜를 모르는 사람입니다. 내가 무엇을 했다고 자랑하는 사람은 자기가 사망 가운데 죽어, 썩은 냄새나는 죄인이었다는 것을 모르는 사람입니다.
성도는 오직 하나님의 독생자 예수님께서 채찍에 맞아 살이 찢어지고, 십자가에 못 박혀 저주 받고, 피 흘려 죽으신 이 큰 사랑 때문에 구원받았음을 잊지 말아야 합니다. 그러므로 성도는, 십자가의 보혈의 은혜를 갖고 감사하며, 말없이 충성하는 사람입니다.

:30,31 너희는 하나님으로부터 나서 그리스도 예수 안에 있고 예수는 하나님으로부터 나와서 우리에게 지혜와 의로움과 거룩함과 구원함이 되셨으니, 기록된 바 자랑하는 자는 주 안에서 자랑하라 함과 같게 하려 함이라.
무슨 말씀입니까? '죄를 용서 받게 하며, 하나님의 자녀가 되게 하는 축복과 능력을 갖고 있으면서, 이것을 갖고, 전도하러 나가지는 않고, 자기들끼리 자랑하고 있느냐!'
교회 안에서 자기 등불 자랑하지 마십시오. 내 불이 밝네! 네 불이 밝네! 전혀 유익이 없습니다. 또, 바울이나, 아볼로나, 게바가 너희 구원의 지혜가 되고, 의로움을 주고, 거룩함과 구원함을 주었느냐?' 아니라는 것입니다.
성도는 각자, 각자 주님으로부터 부르심을 받은 자입니다. 내가 나를 구원한 것도 아니고 다른 어떤 성도가 나를 구원한 것도 아닙니다. 오직 예수님만이 구원의 지혜가 되시고, 의로움을 주시고, 거룩함과 구원함을 주십니다.

교회에서는 자기 자랑이나, 누구편이 있어서는 안 됩니다. 교회는 예수님의 피로 세우신 것이고, 예수님이 주인이십니다. 교회에서 자기를 자랑하고, 사람을 높이는 것은 전혀 의미가 없습니다. 주님의 주권이 인정되고, 주님의 주권이 통하는 곳이어야 합니다.

교회는 주님의 몸입니다 성도는 교회를 중심으로, 말씀을 중심으로 하나가 되어야 합니다. 교회에서는 사람이 중심된다든지, 사람이 높아지면, 안 됩니다. 예수님이 중심되어야 합니다.

죄로 말미암아 더럽고 냄새나고, 천하고, 멸시받는 우리를, 주님의 십자가의 피로, 대속하시고, 하나님의 자녀의 반열에 올려놓았습니다. 우리는 예수님만을 자랑하시기 바랍니다. 예수님 편만 되십시오.

'예수님께서 나를 사랑하셨어, 예수님께서 나를 구원하셨어, 예수님께서 내 기도 들어주셨어' '예수님 때문에 죄용서 받았어, 예수님 때문에 천국가게 되었어' "예수 예수 예수"

예수님만이 찬양의 제목이 되어야 합니다. 예수안에서 기뻐하고, 감사하며, 예수님만 자랑하고 형제를 나보다 낫게 여기시기 바랍니다. 성도는, 예수님의 사랑안에서 온유와 겸손으로 서로 하나 되어야 합니다.

성도는 예수님을 말할 때만, 하나 될 수 있습니다. 교회는 오직, 예수로 하나요 예수 안에서 하나요 예수 안에서 한 몸입니다.

6 내 전도함을

고전 2:1~5

하나님께서, 세상에서 연약한 우리를 부르신 것은, 성도가 하나님의 능력을 덧입어서 세상에 강한 자를 부끄럽게 하기 위한 하나님의 계획입니다. 그래서 성도는 반드시 말씀과 기도로 성령 충만해야 합니다. 성도는 반드시 하나님의 능력을 의지해야 합니다.

성도는 세상에서 살면서, 복음을 전하면서, 연약하다고, 부끄러워하거나 낙심할 것이 없습니다. 자기의 모습만 바라본다면 연약하고 부끄럽고 초라할 뿐입니다. 연약한 자기 모습이 부끄럽고 초라해 보이는 것은 하나님의 능력을 의지하지 않고 있다는 말입니다.

하나님의 능력은 어떤 기적을 보여주는 것이 아니라 세상과 죄를 이기는 생활입니다. 육신의 혈기와 고집대로 행하는 것은 이기는 것이 아닙니다, 육신에게 지는 것입니다. 육신의 혈기와 고집을 다스리며 자기를 부인하며 온유하고 겸손한 것이 이기는 것입니다.

진정으로 예수님을 주님으로 영접한 사람들마다 성령으로 변화됩니다. 세상과 육체와 마귀를 이기는 삶을 살아가게 됩니다.

공부를 많이 하면 세상과 죄를 이길 수 있습니까? 아닙니다. 오히려 죄에 더 가깝습니다. 세상의 지식과 능력으로는 사람이 새롭게 변화되지 않습니다. 세상의 지식과 능력은 사람을 새롭게 할 수 있는 힘이 없습니다. 사도 바울이 세상 지식을 사용했다가 실패했다고 말씀하고 있습니다.

:1,2 형제들아 내가 너희에게 나아가 하나님의 증거를 전할 때에 말과 지혜의 아름다운 것으로 아니하였나니, 내가 너희 중에서 예수 그리스도와 그의 십자가에 못 박히신 것 외에는 아무것도 알지 아니하기로 작정하였음이라.

행 17장에 보면, 사도 바울이 고린도 옆에 있는 지혜의 도시 아덴에서 복음을 전했습니다. 아덴은 지혜의 도시처럼 많은 우상을 만들고 섬겼습니다. 너무나 많은 우상이 있었습니다. 그것도 부족해서, 이 신들 외에 알지 못하는 신께 라는 제단도 있었습니다. 세상의 지혜란 이렇게 어리석습니다. 오묘한 말은 하지만 참된 하나님은 찾을 수 없습니다.

바울이 도시 가운데에 수많은 우상을 바라보면서 흥분하여 전도했습니다. 그런데 바울은 생각했습니다. 이 도시는, 지식이 많은 사람들이니 나도 지식으로 전해야 하지 않겠는가!! 나도 지식이 많은 사람이니 내 지식으로 저들을 무릎 꿇게 해야지.......!!

그리고 열심히 세상의 지식과 역사와 철학의 이론으로 예수님을 전했습니다. 많은 사람이 들었습니다. 그러나 어찌할꼬 하며, 회개하는 사람은 없었습니다. 그래서 복음전도에 실패한 바울이 하는 말입니다.

:1,2 형제들아 내가 너희에게 나아가 하나님의 증거를 전할 때에 말과 지혜의 아름다운 것으로 아니하였나니, 내가 너희 중에서 예수 그리스도와 그의 십자가에 못 박히신 것 외에는 아무것도 알지 아니하기로 작정하였음이라.

그 어떤 박사가 말한다고 할찌라도 세상 지식과 철학은 사람을 거듭나게 하지 못합니다. 오직 십자가에 못 박히신 예수님의 피를 말할 때만 성령님께서 역사하십니다. 사람은 오직 말씀과 성령으로만 영혼이 살아납니다. 거듭날 수 있습니다. 할렐루야!

:3~5 내가 너희 가운데 거할 때에 약하며 두려워하며 심히 떨었노라. 내 말과 내 전도함이 지혜의 권하는 말로 하지 아니하고 다만 성령의 나타남과 능력으로 하여, 너희 믿음이 사람의 지혜에 있지 아니하고 다만 하나님의 능력에 있게 하려 하였노라.

내가 너희에게 복음을 전할 때는 다시 인간적인 모습이 나타날까하여 두려워 떨면서 성령님을 의지하였다... 고 말씀하십니다.

성령의 나타남과 능력은 성령님이 주장하시는 복음 전도를 말합니다. 전도는 성령님이 역사하시고 성령님이 주장하셔야 합니다. 성령이 주장하시는 전도, 성령이 주장하시는 신앙생활 하시기 바랍니다.

전도할 때, 세상의 지혜를 갖고 전도하면 다 믿을 것이라고 생각합니다. 그러나 지혜의 말재주로는 영혼을 구원할 수 없습니다. 그저 말 잘하는 것은, 전혀 용감한 것이 아닙니다. 오히려 무식한 것입니다. 그래서 말재주로 전하려는 사람은 결국 나는 아는 것이 없어서 전도를 못해하고 포기하게 됩니다.

그러나 세상지식이 없어도 성령님을 의지하는 사람은 용감한 사람이며, 유식한 것입니다. 성령님을 의지하는 복음전도, 성령님이 주장하시는 복음전도가 능력 있는 복음전도입니다.

성령님을 의지하여 복음을 전하는 것이 왜 중요합니까? 성령님은 전도의 영이십니다. 성령님은 예수님의 십자가 보혈을 믿어지게 하시는 분이십니다. 성령님은 예수님의 십자가의 사건에만 역사하십니다.

성령님만 의지하도록 기도하시기 바랍니다.

딴 생각하지 않고 성령님만 의지할 수 있게 해 달라고 기도하시기 바랍니다.

그러므로 전도하기를 두려워 마시기 바랍니다. 오히려 기도하지 않고 전도하겠다는 생각을 두려워하십시오. 성령님을 의지하지 않는 것을 두려워하시기 바랍니다. 성령님을 의지하는 것이 최고의 지혜이며, 능력입니다.

먼저 전하려고 하지 마십시오. 먼저 기도하려고 하십시오. 기도 없으면 아무것도 없습니다. 배운 지식이 없는 것을 두려워하지 마십시오. 내 지식과 경험으로 예수 믿게 하려는 것을 두려워하십시오.

또한 죄를 두려워하십시오. 죄에는 성령님이 역사하지 않으십니다.

성령님이 역사하시도록 기도하시기 바랍니다. 성령님이 역사하시도록 순결하고 거룩하십시오. 성령님만 의지하기 위해서 기도하시기 바랍니다. 그리고 예수님의 십자가 복음을 전하십시오.

하나님의 구원의 능력은 전도를 통하여 나타납니다. 한 영혼이 회개하고 예수님을 받으면 영원한 지옥의 형벌에서 구원받게 될 것입니다. 한 영혼이 회개하고 예수님을 받으면 하나님께서 영광 받으실 것입니다.

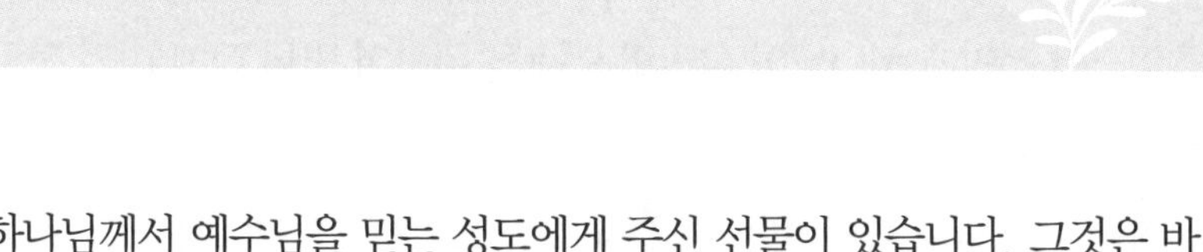

7 우리의 생명(성령님)

고전 2:10~14(:6~16)

하나님께서 예수님을 믿는 성도에게 주신 선물이 있습니다. 그것은 바로, 성령입니다. 주님은 우리를 믿지 못하십니다. 주님은 우리의 신앙생활을 나에게 맡겨주지 않으셨습니다. 성령님께 맡겨주신 것입니다. 성도의 신앙생활은 성령으로만 성공할 수 있습니다.(슥 4:6)
우리의 신앙생활에서 성령님은 우리의 생명이십니다. 하나님의 영적인 지혜와 진리를 이해하려면 성령님으로만 가능합니다. 영적인 세계를 알고, 하나님의 은혜와 생명을 누리려고 한다면 성령님으로만 가능합니다. 신령한 은사로 마귀 궤계를 분별하며, 승리하려면 성령님으로만 가능합니다.

이제 우리는, 성령님에 대해서 다시 한 번 확인하시고, 성령님으로 날마다 승리하는 신앙생활 하시기 바랍니다.
성령님은 우리를 거듭나게 하시며, 진리로 인도하시고, 예수님을 알고 믿게 하십니다.
요 3:5~7 예수께서 대답하시되 진실로 진실로 네게 이르노니 사람이 물과 성령으로 나지 아니하면 하나님의 나라에 들어갈 수 없느니라. 육으로 난 것은 육이요 영으로 난 것은 영이니, 내가 네게 거듭나야 하겠다 하는 말을 놀랍게 여기지 말라.
고전 12:3 그러므로 내가 너희에게 알리노니 하나님의 영으로 말하는 자는 누구든지 예수를 저주할 자라 하지 아니하고 또 성령으로 아니하

고는 누구든지 예수를 주시라 할 수 없느니라.

:7 오직 은밀한 가운데 있는 하나님의 지혜를 말하는 것으로서 곧 감추어졌던 것인데 하나님이 우리의 영광을 위하여 만세 전에 미리 정하신 것이라.

우리가 예수님으로 말미암아 죄 사함 받고, 구원에 이르게 되는 것은 하나님의 비밀입니다. 이 하나님의 비밀을 우리가 어떻게 알게 되어 예수님 믿고, 구원에 이르게 되었습니까?

:12 우리가 세상의 영을 받지 아니하고 오직 하나님으로부터 온 영을 받았으니 이는 우리로 하여금 하나님께서 우리에게 은혜로 주신 것들을 알게 하려 하심이라.

성령님이 오셔서 우리에게 가르쳐 주셨기 때문입니다.

성령님은 교회의 주인이십니다.

행 1:4 사도와 함께 모이사 그들에게 분부하여 이르시되 예루살렘을 떠나지 말고 내게서 들은 바 아버지께서 약속하신 것을 기다리라.

①성령님은 하나님의 영이십니다. 영이시기 때문에 볼 수 없고, 만질 수 없습니다. 성령님은, 전능하시고 무소부재하시고, 살아 역사하시는 하나님이십니다. 성령님의 일하심은/ 인격의 변화로 알 수 있습니다.

요 3:8 바람이 임의로 불매 네가 그 소리는 들어도 어디서 와서 어디로 가는지 알지 못하나니 성령으로 난 사람도 다 그러하니라.

② 성령님은 하나님의 영이시므로 삼위일체 되시는 하나님자신이십니다. 삼위일체란, 유일하신 하나님은 한분이신데, 삼위로 계십니다.

위(位)는 자리를 말하는 것으로, 계급이나 서열이 아닙니다. 삼위 하나님은 지혜와 권능과 영광은 동등하십니다. 그러므로, 성령님은 우리를 통하여 영광 받으실 하나님이십니다.

창 1:1,2 태초에 하나님이 천지를 창조하시니라. 땅이 혼돈하고 공허하며 흑암이 깊음 위에 있고 하나님의 영은 수면 위에 운행하시니라.

③ 신약성경에는 성령님을 구약의 여호와 하나님으로 말씀하신다.

행 7:49~51 주께서(여호와) 이르시되 하늘은 나의 보좌요 땅은 나의 발등상이니 너희가 나를 위하여, 무슨 집을 짓겠으며 나의 안식할 처소가 어디냐. 이 모든 것이 다 내 손으로 지은 것이 아니냐 함과 같으니라. 목이 곧고 마음과 귀에 할례를 받지 못한 사람들아 너희도 너희 조상과 같이 항상 성령을 거스르는도다.(사 66:1, 조상도 성령(여호와)을 거스름)

히 3:7~9 그러므로 성령이 이르신 바와 같이 오늘날 너희가 그의 음성을 듣거든, 광야에서 시험하던 날에 거역하던 것 같이 너희 마음을 완고하게 하지 말라. 거기서 너희 열조가 나를(여호와) 시험하여 증험하고 사십 년 동안에 나의 행사를 보았느니라.(시 95:7~11, 조상이 성령을 시험함)

계 2:7 귀 있는 자는 성령이 교회들에게 하시는 말씀을 들을지어다. 성령님은 지금도 그 말씀으로 성도를 천국으로 인도하십니다.

예수님께서 육체로 세상에 계실 때 아무렇게나 대우해도 참으셨습니다. 그러나 심판 날에는 심판주 되시는, 두려우신 주님을 만나보게 될 것입니다.

지금, 우리는 성령님을, 아무렇게나 대우할 수 있습니다. 성령 하나님은 인격이 하나님이십니다. 훼방 받으시고, 근심하시고, 탄식하기도 하십니다. 그러나 심판 날에는 두려우신 성령님, 하나님이신 성령님을 만나보게 될 것입니다.

:14 육에 속한 사람은 하나님의 성령의 일들을 받지 아니하나니 이는 그것들이 그에게는 어리석게 보임이요, 또 그는 그것들을 알 수도 없나니 그러한 일은 영적으로 분별되기 때문이라.

신앙생활에 열심을 내면서도 육의 열심인지, 영의 열심인지 분별하지 못합니다. 육신의 생각은 사망입니다. 영의 생각은 생명과 평안입니다.

육의 생각과 영의 생각 육의 일과, 영의 일은 성령으로만 분별됩니다.

성령님은 말씀에 따라, 자기를 부인하며 영적인 삶을 살게 하십니다.

육에 속한 사람은 죄인의 비참한 실상을 모르고 십자가를 거절합니다.

자기 자랑하며, 나누어지고, 다툽니다. 자기부인이 무엇이가 모릅니다.

성령을 따라 사는 사람은 죄인의 실상을 압니다. (버림받고, 더럽고 추악한 모습, 지옥 형벌) 성령을 따라 사는 사람은 죄를 회개하고 예수님의 십자가를 환영합니다. 성령을 따라 사는 사람은 성령으로 자기를 부인하며 하나 되고 거룩함을 따라갑니다.

성령님으로 하지 않고는, 육체를 다스릴 수 있는 사람이 없습니다.

성령님으로 하지 않고는, 하나님의 일, 하나님의 마음을 전혀 알 수 없습니다. 그러므로 성령님이 일하시도록 예수님의 십자가 보혈위에서 말씀과 기도로, 성령 충만하시기 바랍니다.

성령님은 성도의 생명이요, 소망이요, 능력이십니다. 성령님은 성도를 진리로 가르치시고, 인도하시고, 책망하시고, 지도해 주십니다. 성도에게 꿈과 환상을 주시며, 성도를 성공시켜 주십니다.

성령님과 함께 승리하는 신앙생활을 만들어 가시기 바랍니다.

8 하나님의 밭

고전 3:1~5(:1~9)

신앙생활은 성령을 따라가는 신령한 자와, 육을 따라가는 육신에 속한 자가 있습니다. 성도는 성령을 따라가는 신령한 자가 되어야 합니다. 육신을 따라가는 육에 속한 자가 되면, 참으로 불행한 사람입니다.

롬 8:13,14 너희가 육신대로 살면 반드시 죽을 것이로되 영으로써 몸의 행실을 죽이면 살리니, 무릇 하나님의 영으로 인도함을 받는 사람은 곧 하나님의 아들이라.

믿는 성도가 육신이 원하는 대로 살면 반드시 죽는다고 말씀하십니다. 성경은 성령으로 육신의 행실을 죽이고, 성령을 따라 사는 사람이 하나님의 아들이라고 말씀하십니다.

그러면 어떤 사람이 육신을 따르는 사람입니까?

:3 너희는 아직도 육신에 속한 자로다 너희 가운데 시기와 분쟁이 있으니 어찌 육신에 속하여 사람을 따라 행함이 아니리요.

롬 1:21 하나님을 알되 하나님을 영화롭게도 아니하며 감사하지도 아니하고.(감사=예물=마음)

롬 1:28~31 또한 그들이 마음에 하나님 두기를 싫어하매 하나님께서 그들을 그 상실한 마음대로 내버려 두사 합당하지 못한 일을 하게 하셨으니, 곧 모든 불의, 추악, 탐욕, 악의가 가득한 자요 시기, 살인, 분쟁, 사기, 악독이 가득한 자요 수군수군하는 자요, 비방하는 자요 하나님께서 미워하시는 자요 능욕하는 자요 교만한 자요 자랑하는 자요 악을 도모하는 자요 부모를 거역하는 자요, 우매한 자요 배약하는 자요 무정한 자요 무자비한 자라. 그들이 이같은 일을 행하는 자는 사형에 해당한다고 하나님께서 정하심을 알고도...

갈5:19~21 육체의 일은 분명하니 곧 음행과 더러운 것과 호색과, 우상숭배와 주술과 원수 맺는 것과 분쟁과 시기와 분냄과 당 짓는 것과 분열함과 이단과, 투기와 술 취함과 방탕함과 또 그와 같은 것들이라 전에 너희에게 경계한 것 같이 경계하노니 이런 일을 하는 자들은 하나님의 나라를 유업으로 받지 못할 것이요.

예수님을 믿는다고 말하면서고 여전히 자기 고집을 부리고, 자기를 주장하는 모습입니다.

내 열심으로 하면 꼭 자기 자랑과 교만이 나타납니다.(약 3:14~16, 땅의 것, 정욕의, 귀신의) 주님은 십자가 보혈로 구원한 성도가 멸망하지 않기 위해서 성령을 보내주셨습니다.

성령님은 자기를 부인하며 예수님을 자랑하게 하십니다. 성도는 날마다 십자가 보혈 위에서 성령의 인도하심을 따라 진리 안에 살아야 합니다.

성도의 신앙생활은 성령을 따라가는 생활입니다. 성령님은 성도를 예수님의 십자가 은혜위에서 진리 안에 살도록 인도하십니다.(요16:13,14)

성령님을 따라 산 증거는 사랑과 희락과 화평과 오래 참음과 자비와 양선과 충성과, 온유와 절제입니다.(갈 5:22,23)

성도가 성령의 인도하심을 받기 위해서 말씀과 기도로 살아야 합니다. 말씀과 기도로 살아갈 때 성령님이 역사하시기 시작합니다. 말씀과 기도로 살아갈 때 성령님이 간섭하시고, 인도하시기 시작하십니다. 말씀과 기도로 성령 충만하여 성령의 인도하심을 받으며 살아가시기 바랍니다.

:1~5 형제들아 내가 신령한 자들을 대함과 같이 너희에게 말할 수 없어서 육신에 속한 자 곧 그리스도 안에서 어린 아이들을 대함과 같이 하노라.

고린도 교회는 많은 은사를 갖고 있었습니다. 그런데 그 많은 은사로 서로 자랑하며, 시기하고 분쟁하고 있었습니다. 이것은 육에 속한 것이요. 자라지 못한 어린아이 신앙생활입니다.

성도의 신앙생활은 말씀으로 시작해서 말씀으로 자라가며 말씀으로 열매를 맺는 것입니다. 이 일에 성령님께서 주의 종을(목회자) 사용하십니다.(계 1:20~2:1, 2:12)

성령님께서는 주의 종들, 목회자를 세우시고, 사용하십니다. 목회자를 사용하셔서 말씀으로, 믿음의 씨앗을 주십니다. 목회자를 사용하셔서 말씀으로, 믿음이 자라게 하십니다. 목회자를 사용하셔서 말씀으로, 믿음의 열매가 맺게 하십니다.

모든 생명의 역사는 성령님이 하시는 것입니다. 목회자는 성령님이 사용하시는 통로요, 도구입니다. 목회자는 통로이기 때문에, 아무것도 아닙니다. 그럼에도 성령님의 도구요, 통로이기 때문에 귀하게 여기시기 바랍니다.

:6~9 나는 심었고 아볼로는 물을 주었으되 오직 하나님께서 자라나게 하셨나니, 그런즉 심는 이나 물 주는 이는 아무 것도 아니로되 오직 자라게 하시는 이는 하나님뿐이니라. 심는 이와 물 주는 이는 한가지이나 각각 자기가 일한 대로 자기의 상을 받으리라. 우리는 하나님의 동역자들이요 너희는 하나님의 밭이요 하나님의 집이니라.

목회자는 하나님의 동역자입니다. 그러므로 하나님과 생각을 같이해야 합니다. (직분자는 목사와~)

하나님과 생각을 같이한다고 하는 말은 하나님의 말씀과 생각을 같이 하는 것입니다. 설교도, 하나님의 말씀대로 전해야 합니다.
목사는 자기 말하는 사람이 아닙니다. 하나님의 말씀을, 하나님의 말씀대로 전합니다. 그러면 성령님께서 말씀을 통해서 역사하십니다.
그래서 목사의 입으로 성경말씀이 전해지고 있으면 목사의 말로 생각하지 마십시오. 성령님께서 목사의 입을 사용하고 계신다고 인정하시기 바랍니다.(행10:33, 살전2:13) 설교를 목사의 말로 들으면 믿음이 아닙니다. 육신에게 속고 있는 것입니다. 고집과 원망, 불평만 생기고 믿음이 절대로 성장할 수 없습니다.
성도는 가르침을 받고 가르침을 받은 대로 나타나야 합니다. 가르침을 받은 대로 순종하지 않는 것은 사람의 말로 받았기 때문입니다. 판단하고 원망하고 불평하는 것은 설교를 사람의 말로 받았기 때문입니다.
히 6:7,8 땅이 그 위에 자주 내리는 비를 흡수하여 밭가는 자들이 쓰기에 합당한 채소를 내면 하나님께 복을 받고, 만일 가시와 엉겅퀴를 내면 버림을 당하고 저주함에 가까워(가까이 있어, 준비되어 있어) 그 마지막은 불사름이 되리라.
성도는, 하나님의 밭이요. 하나님의 집입니다. 밭은, 주인이 기대하는 대로, 씨를 뿌립니다. 집은, 주인이 편한 대로, 고치며 삽니다. 말씀의 씨가 뿌려진 그대로 싹이 나야 하고 말씀이 원하는대로 다스림을 받아야 합니다. 이 사람이, 하나님의 밭입니다. 이 사람이, 하나님의 집입니다.
우상숭배하지 마라. 주일성수하라. 십일조를 드려라. 기도하라. 회개하라. 거룩하라. 모이기를 힘쓰라. 자기를 부인하라. 사랑하라. 용서하라. 충성하라. 감사하라.
성도는, 설교 말씀을 자기에게 주시는 말씀으로 받고 자기를 돌아보며 회개해야 합니다. 그대로 순종해야 좋은 열매입니다. 그대로 순종해야 집주인이 그 집에 살기 편합니다.

우리는 하나님의 밭입니까? 하나님의 집입니까?

9 | 지혜로운 건축자

고전 3:10~17(:10~23)

주님께서는 두 종류의 신앙에 대해서 말씀하십니다.

마 7:24~27 누구든지 나의 이 말을 듣고 행하는 자는 그 집을 반석 위에 지은 지혜로운 사람 같으리니, 비가 내리고 창수가 나고 바람이 불어 그 집에 부딪치되 무너지지 아니하나니 이는 주추를 반석 위에 놓은 까닭이요. 나의 이 말을 듣고 행하지 아니하는 자는 그 집을 모래 위에 지은 어리석은 사람 같으리니 비가 내리고 창수가 나고 바람이 불어 그 집에 부딪치매 무너져 그 무너짐이 심하니라.

지혜로운 사람과 어리석은 사람.
말씀을 듣고 행하는 사람은 주추를 반석위에 놓은 지혜로운 사람이요.
말씀을 듣고 행하지 않는 사람은 모래위에 건축한 어리석은 사람이라고 말씀하십니다.

- 순종하는 신앙은 자기를 부인하고 주님이 원하는대로 행하는 신앙이요. 순종하지 않는 신앙은 자기 뜻대로 하고, 주님의 이름으로 자기가 영광 받는 신앙입니다.
- 순종하는 신앙은 십자가 보혈위에 성령으로, 말씀을 따라 사는, 행하는 신앙이요. 순종하지 않는 신앙은 성령을 외면하며 세상 지식, 자기 방법, 자기 열심으로 행하는 신앙입니다.
- 순종하는 신앙은 예수님을 주님으로 믿고, 주님과 관계있는 신앙입니다. 순종하지 않는 신앙은 자기가 주인입니다. 주님과 관계없는

신앙입니다.

– 순종하는 신앙은 성령으로 살고 행한 모든 것이 그대로 자기의 상급입니다. 순종하지 않는 신앙은 열심히 하지만 아무런 상급이 없습니다.

성령으로 살면 내가 한 것 아무것도 없습니다. 다 내 것 같지 않은데, 다 내 것입니다. 내 열심으로 살면 다 내 것 같은데, 내 것이 아무것도 없습니다.

두 종류의 신앙, 지혜로운 건축자와 어리석은 건축자가 있습니다.

:5~9 그런즉 아볼로는 무엇이며 바울은 무엇이냐 그들은 주께서 각각 주신 대로 너희로 하여금 믿게 한 사역자들이니라. 나는 심었고 아볼로는 물을 주었으되 오직 하나님께서 자라나게 하셨나니, 그런즉 심는 이나 물 주는 이는 아무 것도 아니로되 오직 자라게 하시는 이는 하나님뿐이니라. 심는 이와 물 주는 이는 한가지이나 각각 자기가 일한 대로 자기의 상을 받으리라. 우리는 하나님의 동역자들이요 너희는 하나님의 밭이요 하나님의 집이니라.

우리 교회에 다녀간 목회자는, 그때마다 우리의 영혼의 유익을 위해 하나님께서 세운 일꾼입니다. 그래서 지금 주께서 세우신 목회자와 함께 은혜생활을 해야 합니다. 지금 우리교회에, 지금 나에게 꼭 필요해서 세우셨다는 말이지요. 000목사에게 주신 은혜가 있다는 것입니다.

달리 말하자면, 그때마다 주시는 말씀을 통해서 변해야 한다는 말입니다. 그러므로 교회를 멀리 하지 마시고, 목사를 멀리 하지 마십시오.

목사는, 성도의 유익을 위해서 주께서 사용하는 주님의 도구입니다.

주님께서는 간혹, 다른 교회 목사를 통해서 일하실 때도 있지만 언제나 본 교회 목회자를 통해서 일하십니다.(지금 내 목자) (잘 하면 잘 하는

대로, 못하면 못하는 대로 잘 났으면 잘 난대로, 못 났으면 못 난대로)

:10 내게 주신 하나님의 은혜를 따라 내가 지혜로운 건축자와 같이 터를 닦아 두매 다른 이가 그 위에 세우나 그러나 각각 어떻게 그 위에 세울까를 조심할지니라.

모든 성도는 예수님의 십자가 보혈위에서 신앙생활을 시작합니다. 그런데 어떤 사람은 계속, 성령의 인도하심을 따라, 말씀 안에서 신앙생활을 합니다. 어떤 사람은 시간이 지나면서, 육신의 생각을 따라, 자기 열심으로 신앙생활을 합니다.

지혜로운 건축자는 십자가 보혈위에서, 성령의 인도하심을 따라, 말씀 안에서 행하는 금, 은, 보석으로 집을 짓는 신앙생활입니다.

어리석은 건축자는 십자가 보혈위에서, 육신의 생각을 따라, 자기 열심으로 행하는 나무, 풀, 짚으로 집을 짓는 신앙생활입니다.

:15 누구든지 공적이 불타면 해를 받으리니 그러나 자신은 구원을 받되 불 가운데서 받은 것 같으리라.

금이나 은, 보석은 성령으로 진리안에 행한 열매들입니다. 나무나 풀, 짚은 잘 못된 신앙(신학, 이단), 인간관계, 인정, 내 열심의 열매들입니다. 마지막 날 주님이 불로 심판하시는 날 금, 은, 보석은 아름답게 빛날 것입니다. 그러나 나무, 풀, 짚은 다 타고, 남는 것이 아무것도 없을 것입니다. 천국의 내 처소는, 지금 완성품이 아닙니다. 지금 성령과 함께 만들어 가는 것입니다.

불 가운데서 구원 받는 것 같다는 말은, 불같은 고난을 통과하고 나서야 구원을 받는다는 말입니다. 이 말씀은 십자가의 보혈위에서 성령과 말씀을 외면하고 육으로 행한 죄를 깨닫고, 불같은 고난의 회개를 통과하고 나서야(회개하면) 구원 얻게 된다는 말입니다.(고전 5:5) 이 말씀은 먼저 목회자에게 하시는 말씀입니다. 목회자는 십자가의 은혜를 단순히 도덕윤리로 바꾸어 놓고, 듣는 자의 육신의 요구와 타협하며, 육신을 부추기고, 성도의 비위를 맞춰 축복을 남발한 죄를 회개해야 합니다. 더불어 성도들도 육신의 생각, 세상의 방법을 추구한 신앙생활을 회개하고 성령으로 말씀의 열매를 맺어야 합니다.

신앙생활은 단지 생각이나 말로 하는 것이 아닙니다. 유혹의 욕심을 따라 썩어져 가는 구습을 따르는 옛 사람을 벗어 버리고, 의와 진리의 거룩함으로 지으심을 받은 새 사람을 입는 생활입니다.(엡4:22~24, 약3:13~18)) 이 사람이 지혜로운 건축자입니다.(목회자도, 성도도)

:16,17 너희는 너희가 하나님의 성전인 것과 하나님의 성령이 너희 안에 계시는 것을 알지 못하느냐. 누구든지 하나님의 성전을 더럽히면 하나님이 그 사람을 멸하시리라 하나님의 성전은 거룩하니 너희도 그러하니라.

예수님을 확실히, 나의 주님으로 영접하면 성령님이 인도하기 시작하십니다. 지혜로운 건축자는 성령님의 지도와 인도로 진리의 말씀을 따라 사는 사람입니다.

말씀과 기도로 성령 충만함을 받으시기 바랍니다. 성령 충만하지 않으면 육으로 행할 수밖에 없습니다. 육신의 욕심, 고집, 체면, 자존심, 서운함은 성령의 전을 더럽히는 종교생활입니다.

성령의 인도하심을 따라 자기를 부인하며 말씀 안에 살아가는 지혜로운 건축자가 되시기 바랍니다.

10 성물

고전 3:16,17

성막⇒ 성전⇒ 예수님 (예수님의 모형, 그림자, 예표)⇒ 성도(개인)와 교회(모임)의 모형

성도⇒ 개인성전, 교회⇒ 연합 단체 성전.

–성전: 하나님의 성령이 거하시는 전 인, 성도의 몸이 성전이다.

–하나님께서 거하시는 성전인 우리의 몸을 거룩하게 하고, 거룩하게 사용해야 한다. 죄, 불의, 욕심, 시기, 질투로 더럽히지 마라. 멸하시리라.

막 7:20~23 사람에게서 나오는 그것이 사람을 더럽게 하느니라. 속에서 곧 사람의 마음에서 나오는 것은 악한 생각 곧 음란과 도둑질과 살인과, 간음과 탐욕과 악독과 속임과 음탕과 질투와 비방과 교만과 우매함이니, 이 모든 악한 것이 다 속에서 나와서 사람을 더럽게 하느니라.

갈 5:19~21 육체의 일은 분명하니 곧 음행과 더러운 것과 호색과, 우상숭배와 주술과 원수 맺는 것과 분쟁과 시기와 분냄과 당 짓는 것과 분열함과 (불만 불평을 선동, 이간질) 이단과, 투기와 술 취함과 방탕함과 또 그와 같은 것들이라 전에 너희에게 경계한 것 같이 경계하노니 이런 일을 하는 자들은 하나님의 나라를 유업으로 받지 못할 것이요.

레 11:45 나는 너희의 하나님이 되려고 너희를 애굽 땅에서 인도하여 낸 여호와라 내가 거룩하니 너희도 거룩할지어다.

주님은 성도가 거룩하길 원하십니다. 주님은 거룩한 자녀들과 함께 하십니다.

히 12:14 모든 사람과 더불어 화평함과 거룩함을 따르라 이것이 없이는

아무도 주를 보지 못하리라.

주님께 사랑받기 원하십니까? 주님의 손에 아름답게 쓰여지기 원하십니까? 재림하시는 예수님을 만나보길 원하십니까?

그럼, 축복보다 거룩함을 택하시기 바랍니다. 거룩함을 따라가시기 바랍니다.

성도가 은혜 받았다는 말을 한다. 보통은 감동받았다. 시원하다. 통쾌하다 이런 뜻으로 사용합니다. 그러나 진정한 은혜는(어려울 수도, 힘들 수도, 부담이 될 수도 있지만, 그래도) 창조주 하나님앞에서, 그렇게 살아야 할 이유를 깨달았다. 예수님의 십자가 보혈 앞에서, 순종해야할 이유를 깨달았다는 말입니다.

듣고 감동으로 끝나는 것은, 진짜 은혜를 받은 것이 아닙니다. 그냥 감동받은 것입니다. 진정한 은혜는, 순종으로 나타나며,(마13:23) 그 증거는 변화된 생활입니다. 그 열매는 생명입니다.(노아가 방주로 구원받음 같이)

진정한 은혜는, 주님께 더 가까이 가는 모습을 만듭니다. 주님을 더 닮아가는 변화를 만듭니다. 사랑, 희락, 화평, 오래참음, 자비, 양선, 충성, 온유, 절제, 겸손, 감사...등. 성령의 열매, 예수님의 형상, 하나님의 성품에 동참하게 됩니다. 이 모습이, 주님이 원하시는, 거룩한 성전으로서의, 성도의 모습입니다.

이어서 이 시간에, 교회의 성물에 대해서 말씀 드려보고자 합니다.

–성물: 구약은, 하나님께서 임재하시는 거룩한 물건이다.(하나님께 구별됨/ 사람이 만질 수 없고, 가질 수 없다/ 죽는다) 신약은, 예수님의 보혈로 구원하신 성도 자신이 성전이요 성물이다. 성도의 모든 것은, 주님의 것이다.(행 2:44., 고전 6:19,20) 그렇게 믿습니까?

신약 교회의 물건(헌금, 기구)은 구약과 같이, 하나님께서 오직 여기에만 임재하시는 성전으로서의 성물이 아니라, 만지면 죽는 성물이 아니라, 구별된 하나님의 것으로, 하나님께 드려진 것으로, 용도로서의 성물이다.

(하나님을 예배하고, 기도하고, 성도가 교제하며, 복음을 전하는 용도)

(그러므로 귀하게 여기고 개인적으로, 사심으로, 사용해서는 안 된다)

그러므로 충분히 사용되어 낡아졌거나, 용도가 끝났다면, 그리고 더 나은 것이 있다면, 버릴 수 있어야 합니다. 그리고 버리고 다시 구입해야 합니다-교회의 재정으로, 또는 은혜 받은 성도가 다시 구입

예물(헌금 δῶρον 도론: 선물. 제물. 희생. 봉헌물)

감사의 뜻이나 예의의 표시로 드리는 물품. (감사헌금, 주일헌금, 절기헌금, 특별헌금)

*십일조: 하나님께서 세상 만물의 주인, 내 모든 것의 주인이심을 고백하는 표시. *주일: 예수님만이 나를 구원하신 구주이십니다.. 라고 고백하는 표시.

예물(헌금)은, 하나님의 사랑, 구원하신 하나님의 은혜에 감사, 예수님의 피에 감사이다. *헌금은, 댓가를 바라고 또는 댓가를 바라지 않고 그냥 주는 돈이 아니다. 예수님의 피에 대한 감사로 드리는 예물이다.(출 12:17=23:15, 눅 5:14) 또한 헌금은, 천국에 상급을 쌓는 예물이 된다.(마 6:19,20)

(헌금을, 내 돈처럼 취급하면 안 됩니다) *재정위원이나 직분자들이 자기 마음대로 사용하면 안됩니다. *눈먼돈으로 생각하고 아무나, 아무렇게나 사용하면 안됩니다. *각 부서별로 또는 당회에서 나눠 먹기식으로 사용하면 안됩니다. 예수님께 드린 핏값이기 때문입니다.

교회의 재정은 주님은 주님의 은혜에 감사해서 드리면, 주님께서는 우리의 믿음(감사, 사랑)을 받으시고 주님의 일에 사용하도록 하사하신다.(돌려주신다) 교회에서 재정으로 사용하도록(예배. 교제. 전도) 다시 돌려주시는 하사품과 같습니다.

신약교회는, 구약성경에 이미 주신 원리대로 사용한다. 성도가 십일조를 바로 하면, 교회 재정에 어려움이 없습니다.

-헌금(예물)은, 사람이 사심으로 사용할 수 없다. 그러므로 하나님의 뜻대로, 하나님의 방법대로 사용하고 오용됨이 없어야 한다.

주님을 섬기는 일을 위해, 복음을 위한 일에, 하나님의 영광을 위해, 사용되어져야 한다.

*연보(λογίας 로기아스)는, 특별한 목적을 위한 특별구제헌금

나는 주님의 것입니다.(자신을 먼저 주께 드리고. 고후8:5)

내 모든 것이 주님의 것입니다 하는, 믿음이 있어야 합니다.

은혜 받은 성도가, 내 것을 드려 교회를 세우는 것입니다.

은혜 받은 내가 헌신하고 충성하는 것입니다.

신약의 성전은: 하나님의 성령이 거하시는 전인 성도의 몸입니다. 하나님께서 거하시는 성전인, 우리의 몸을 거룩하게 하고, 거룩하게 사용해야 합니다-죄, 불의, 욕심, 시기, 질투로 더럽히지 마라. 멸하시리라.

11 그리스도의 일꾼

고전 4:1,2(3:21~4:5)

신앙생활은, 내가 하나님을 떠난 죄인임을 알고, 지옥형벌의 비참한 모습을 깨달을 때, 시작됩니다. 예수님의 보혈을 의지하여, 지옥의 형벌로 끌고 가는 죄를 애통하며 회개하면, 죄 사함을 받습니다.
성령을 받고, 하나님의 자녀가 되는, 놀라운 축복을 주십니다.
그런데 여기에서, 우리가 알아야 할 중요한 사건이 있습니다.
그것은 내가 죄를 깨닫고, 회개하고, 예수님을 주님으로 영접한다고 할지라도, 이것이 나로부터 시작된 것이, 아니라는 것입니다.
하나님의 사랑이 먼저 있었습니다.
이미 하나님께서 나를 아시고, 사랑하시므로 구원을 계획하셨고, 독생자를 보내주셨습니다. 예수님은 나를 사랑하시므로, 내 죄를 대신 짊어지고, 십자가에 피 흘려 죽어 주셨습니다. 그리고 성령님께서 이 놀라운 사랑을 갖고, 우리에게 찾아오셨습니다. 그리고 말씀하십니다.
"너, 그대로 살다가는 지옥에 간다."
"그러니 예수님을 너의 구주로 모셔라."

하나님의 사랑 앞에, 예수님의 은혜 앞에, 성령님의 감화, 감동하심 앞에서, '내가 예수님 믿겠습니다.' '나도 교회에 나가겠습니다.'
이렇게 항복한 결과가 지금 우리가 여기에 나와 있는 것입니다.

우리가 다 그렇게 회개하고, 예수님을 주님으로 영접한 줄 믿습니다.

아멘?
만일, 예수님을 영접하지 않았다면 우리는 교회 다니는 사람이지, 성도가 아닙니다. 정말로, 죄를 자복하고 회개하고 예수님을 구주로 영접하시기 바랍니다.

죄는 나로부터 시작되었습니다. 그러나 구원은, 하나님으로부터 시작되었습니다. 이제 예수님 안에 있는, 저와 여러분은, 세상의 종이 아닙니다. 마귀의 종이 아닙니다. 욕심과 거짓의 종이 아닙니다.
저와 여러분은 하나님의 자녀입니다. 성도입니다. 세상의 소망입니다. 세상의 빛과 소금입니다. 세상 모든 사람들 앞에 예수님과 천국을 증거하고 보여줄 복음의 제사장입니다.

그런데 그렇게 살고 계십니까?
우리가 어떻게 예수님 믿게 되었나도 모르고 살아갑니다.
무슨 일을 하고 어떻게 살아가야 하는지도 모르고 살아갑니다.
세상에서, 부귀영화를 더 누리게 해 달라고 만사형통 누리게 해 달라고 떼쓰고 있지 않습니까?

성도로서 내가 누구인지, 무슨 일을 해야 하는지 모르고 살아가니, 신앙생활이 더 힘들고 어렵습니다. 짜증나고 답답합니다. 이제, 성도로서 해야 할 일을 하시기 바랍니다. 그래야, 일이 되기 시작합니다. 신앙생활이 재미있고 즐겁습니다.
마 6:33 먼저 그의 나라와 그의 의를 구하라.
거룩함으로 세상의 소망되십시오. 세상의 소금과 빛이 되십시오.
세상 모든 사람들 앞에, 예수님과 천국을 증거하고 보여주는, 복음의 제사장 직분을 감당하시기 바랍니다. 세상을 더 많이 가지려는, 욕심쟁이를 그만두고, 천국의 소유할 예수님의 형상으로, 자기를 단장해 가시기 바랍니다.
이 일을 열심히 하지 않고 있으니, 이 일을 하도록, 주님께서, 목회자를 세우셔서 가르치시는 것입니다. 목사가 훌륭하지 않습니다. 주님이 쓰시는 것입니다. 주님이 다하십니다. 주님은, 목회자에게 주님의 마음과 주님의 뜻을 알게 하셔서, 사용하십니다.

:21~23 그런즉 누구든지 사람을 자랑하지 말라 만물이 다 너희 것임이라. 바울이나 아볼로나 게바나 세계나 생명이나 사망이나 지금 것이나 장래 것이나 다 너희의 것이요. 너희는 그리스도의 것이요 그리스도는 하나님의 것이니라.
바울, 아볼로, 베드로 우리 교회에 다녀간 목회자는, 그때 그때 주님이 쓰신 일꾼입니다. 필요할 때 쓰시고, 보내십니다. 이전에 은혜 받은 목회자를 잊어버리십시오. 이전의 목회자로 지금 목회자를 판단하지 마십시오/ 설교방법. 시간, 심방..) (사람은 다 똑같지 않다/ 지금 목회자에게 받을 은혜가 있어서 세우신 것이다)
바울이나 아볼로나 베드로의 가르침을 통하여 목회자 자기의 유익으로 만들어야 합니다.
4:1~4 사람이 마땅히 우리를 그리스도의 일꾼이요 하나님의 비밀을 맡은 자로 여길지어다. 그리고 맡은 자들에게 구할 것은 충성이니라.
너희에게나 다른 사람에게나 판단 받는 것이 내게는 매우 작은 일이라 나도 나를 판단하지 아니하노니, 내가 자책할 아무 것도 깨닫지 못하나 그러나 이로 말미암아 의롭다 함을 얻지 못하노라. 다만 나를 심판하실 이는 주시니라.

목회자는, 예수님의 일꾼이요. 하나님의 비밀을 맡은 자로, 주님이 쓰시는 말씀의 통로입니다. 성도는 목사를 통해 주시는 그 말씀으로 열매 맺는 신앙생활을 합니다. 이것은 주님이 세우신 질서입니다.

목회자는, 성도의 믿음의 집을 건축하는 자입니다. 예수님의 형상으로 만들어가는 통로입니다. 그러므로 성도는 목회자를, 판단하지 마십시오. 스스로 교만하여져서 무시하지도 마십시오. 주님이 주시는 말씀과 씨름하십시오.
목회자는 말씀으로 충성하고, 성도는 몸으로 충성합니다. 목회자는, 하나님의 종이요. 말씀의 사역자입니다.(요21:15~17) '이렇게 신앙생활 합시다' 하는 천국의 안내자입니다.(히13:17)

:2 그리고 맡은 자에게 구할 것은 충성이니라.
그래서 성도는, 말씀을 맡은 목사에게 '나에게 신앙생활 잘하라고 말씀해 주세요.' '나를 말씀으로 양육하여, 천국가게 해 주세요.' 이렇게 말해야 합니다.

왜 나를 부자 되게 해주지 않습니까! 말하기보다, 왜 나를 건강하게 해주지 않습니까! 보다, 기도안하면, 왜 기도 안하느냐고, 말해 주지 않느냐고 따져야 합니다. 지옥가게 내 버려두시느냐고 따져야 합니다.

전도 안 하는데, 아무말도 하지 않으면
왜 내버려 두시냐고 따져야 합니다.
예배에 자꾸 빠지는데, 아무말도 하지 않으면
왜 내버려 두시냐고 따져야 합니다.

주일성수 하지 않는데, 아무말도 하지 않으면

왜 내버려 두시냐고 따져야 합니다.

십일조를 안 드리는데, 아무말도 하지 않으면

왜 내버려 두시냐고 따져야 합니다.

용서하지 않는데, 아무말도 하지 않으면

왜 내버려 두시냐고 따져야 합니다.

충성하지 않는데, 아무말도 하지 않으면

왜 내버려 두시냐고 따져야 합니다.

고집, 욕심, 부리는데, 아무말도 하지 않으면

왜 내버려 두시냐고 따져야 합니다.

말을 함부로 하는데, 아무말도 하지 않으면

왜 내버려 두시냐고 따져야 합니다.

그리고 신앙생활을 어떻게 할까요? 물어 보십시오.

물어 보실분 계십니까?

그런데 목사는 성도가 싸우려고 대들어서, 겁나서 말을 못해줍니다.

성도는 주님께서 목사를 통해서 주시는 말씀으로, 예수님의 형상을 닮아가야 합니다. 세상의 소금과 빛이 되어야 합니다-목사도, 그 말씀으로 변해야 한다.

그렇게 복음의 제사장 직분을 감당하고 천국을 기업으로 상속 받는, 자들이 되시기 원합니다.

12 | 은혜를 아는 성도

고전 4:6~13

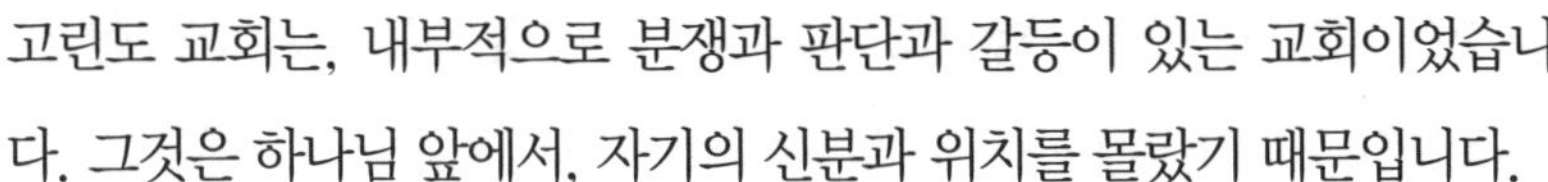

고린도 교회는, 내부적으로 분쟁과 판단과 갈등이 있는 교회이었습니다. 그것은 하나님 앞에서, 자기의 신분과 위치를 몰랐기 때문입니다.

고린도교회는 주님의 은혜위에, 목회자들의 수고로 세워졌는데, 그들은, 이것을 잊었습니다. 자기가 주인인 줄 알았습니다. 자기 혼자 성장하는 줄 알았습니다. 아닙니다. 우리는 누군가를 통하여 지금으로 모습으로 세워지고, 만들어진 것입니다.

바울파, 아볼로파, 베드로파, 예수님파.. 교회 안에 파당은, 육신의 욕심에서 비롯된 것입니다. 나누어짐은 육체의 일입니다.

:6 형제들아 내가 너희를 위하여 이 일에 나와 아볼로를 들어서 본을 보였으니 이는 너희로 하여금 기록한 말씀 밖으로 넘어가지 말라 한 것을 우리에게서 배워 서로 대적하여 교만한 마음을 가지지 말게 하려 함이라.

3:6 나는 심었고 아볼로는 물을 주었으되. 내가 아볼로 목사를 시기, 질투하더냐? 그러니 너희도 교만해서 서로 대적하지 말고 사랑으로 한 마음이 되라.

주님은 그때, 그때마다 필요한 목회자를 세우시고 주님의 교회를 세우십니다. 목회자는 주님의 사랑을 갖고, 자기 나름대로 교회를 세우려고 힘쓰고 애쓰고 있습니다. 그런데 나는 어느 목사님한테 은혜 받았어, 나는 어느 목사님이 좋아.... 하면서 이전 목사님에게 매여있고, 서로 나뉘고, 분쟁하고 판단하는 것은 잘 못된 것입니다.(세상은 파가 있지만, 교회는 아닙니다. 모두가 다 예수님을 닮아가야 합니다)
우리의 믿음이, 어떻게 세워졌는지 생각해 보십시오.

:7 누가 너를 남달리 구별하였느냐 네게 있는 것 중에 받지 아니한 것이 무엇이냐 네가 받았은즉 어찌하여 받지 아니한 것 같이 자랑하느냐.
우리는 두 가지의 사실 때문에 분쟁할 수 없고, 교만할 수 없습니다.
1) 모두 같은 죄인들이기 때문에 교만할 수 없다는 사실입니다.
2) 예수님의 피로 구원받고, 은혜 받고, 은사를 받았기 때문입니다.
롬 12:3 내게 주신 은혜로 말미암아 너희 각 사람에게 말하노니 마땅히 생각할 그 이상의 생각을 품지 말고 오직 하나님께서 각 사람에게 나누어 주신 믿음의 분량대로 지혜롭게 생각하라.
주님이 베푸신 은혜를 기억하고, 감사하므로 서로 사랑하고, 서로 섬기며 교회를 세워가야 합니다.
우리는 우리의 모든 것을, 하나님으로부터 받았기 때문에 자랑할 것이 없습니다. 내 것은 아무것도 없습니다. 다 빌려 쓰고 누리고 놓고 가는 것입니다. 지식, 혈통, 재산, 생명, 그리고 믿음까지도, 아무 공로 없이, 하나님께로부터 선물로 받은 것이기 때문에, 우리의 자랑과 교만은 전혀 무익한 것입니다. 또한, 죄인에게 겸손할 수 있는 선한 의지가 있다면 그것도 하나님의 은혜입이다.

믿음과 구원과 은혜, 은사를, 나로부터 또는, 내가 잘나서 받은 것처럼 교만하지 마십시오. 우리는 영원한 지옥의 형벌에, 멸망할 죄인이었을 뿐입니다. 우리는 하나님 앞에 나를 자랑하고, 나를 내세울 아무런 조건이 없습니다. 내가 누구인가를 생각하는 지혜가 있어야 합니다. 이것은 은혜 받은 성도가 항상 기억해야 할 일입니다. 생각할 이상의 것을, 마음에 품지 마십시오. 헛된 자랑과 교만입니다.

:8 너희가 이미 배 부르며 이미 풍성하며 우리 없이도 왕이 되었도다 우리가 너희와 함께 왕 노릇 하기 위하여 참으로 너희가 왕이 되기를 원하노라.

성도는 육적으로, 자기를 높이는 교만의 왕이 되지 마십시오. 영적인, 믿음의 왕이 되어야 합니다. 감사의 왕이 되어야 합니다. 헌신과 충성의 왕이 되어야 합니다. 천국에서 칭찬과 상급의 면류관을 받아야 합니다.

우리의 믿음은, 어느 날 갑자기 생긴 것이 아닙니다. 교회는 주님께서 사용하신, 주의 종들의 말씀의 수고로 교회가 세워집니다. 그리고 은혜 받은 성도들이 헌신과 충성으로 세워나가는 것입니다. 그리고 이 모든 것도 성령님의 강권하시는 은혜로 된 것입니다.

나 혼자서 다된 것처럼 내 능력으로 구원 받은 것처럼 내 능력으로 교회를 세운 것처럼 자랑하고 교만하면, 교회는 나누어지고 분쟁할 수밖에 없습니다.

성도는 육적으로, 자기 자랑의 왕이 되지 말고 영적인 믿음의 왕이 되어야 합니다. 감사의 왕, 헌신과 충성의 왕이 되어야 합니다. 그래야 참으로, 생명의 면류관, 영광의 면류관을 받게 될 것입니다.

주님께로 갔을 때 참으로 생명의 면류관, 영광의 면류관을 쓰기 원하십니까? 그러면, 육신의 욕심, 고집, 체면, 자존심, 서운함을 버리십시오. 자기를 부인하며 감사로 헌신하며, 충성하시기 바랍니다.

:11~13 바로 이 시각까지 우리가 주리고 목마르며 헐벗고 매 맞으며 정처가 없고, 또 수고하여 친히 손으로 일을 하며 모욕을 당한즉 축복하고 박해를 받은즉 참고, 비방을 받은즉 권면하니 우리가 지금까지 세상의 더러운 것과 만물의 찌꺼기 같이 되었도다.

교회를 세우기 위해 우리의 믿음을 세우기 위해 수고한 주의 종들의 헌신과 수고를 기억하십시오. 그리고 교회 안에서 판단하지 말고, 정죄하지 마십시오. 나를 알아달라고, 자기를 내세우고, 자랑하지 마십시오. 이런 것은, 은혜를 모르는 어리석은 모습입니다. 사람에게 영광을 받으면, 주님 앞에서 받을 상급이 없습니다.

성도가 참으로 십자가의 은혜를 안다면,

1) 받은 은혜와 사랑을 실천하십시오. 2) 온유와 겸손으로 화합하며 충성하십시오. 3) 말씀과 기도로 성령 충만 하십시오. 4) 말없이 헌신하고, 충성하십시오. 5) 주의 나라와 의를 구하는 신앙생활 하십시오. 6) 천국을 상속받을 하나님의 자녀로, 예수님을 닮아 가십시오.

이런 모습이 예수님의 은혜 받고, 예수님의 은혜를 아는 성도의 모습입니다.

13 | 능력

고전 4:19,20(14~21)

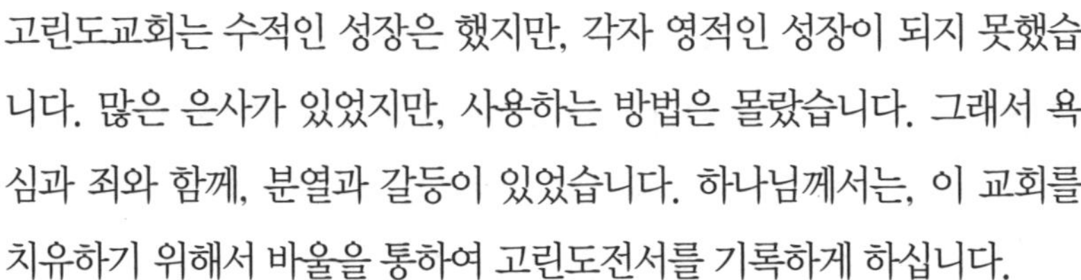

고린도교회는 수적인 성장은 했지만, 각자 영적인 성장이 되지 못했습니다. 많은 은사가 있었지만, 사용하는 방법은 몰랐습니다. 그래서 욕심과 죄와 함께, 분열과 갈등이 있었습니다. 하나님께서는, 이 교회를 치유하기 위해서 바울을 통하여 고린도전서를 기록하게 하십니다.

:14~17 내가 너희를 부끄럽게 하려고 이것을 쓰는 것이 아니라 오직 너희를 내 사랑하는 자녀 같이 권하려 하는 것이라. 그리스도 안에서 일만 스승이 있으되 아비는 많지 아니하니 그리스도 예수 안에서 내가 복음으로써 내가 너희를 낳았음이라. 그러므로 내가 너희에게 권하노니 너희는 나를 본받는 자가 되라. 이로 말미암아 내가 주 안에서 내 사랑하고 신실한 아들 디모데를 너희에게 보내었으니 그가 너희로 하여금 그리스도 예수 안에서 나의 행사 곧 내가 각처 교회에서 가르치는 것을 생각나게 하리라.

무슨 말씀입니까? 내가 고린도교회를 개척하지 않았느냐! 그러니 나를 본 받아라. 내가 아볼로와 다투더냐? 그래서 디모데 목사를 보내니, 잘 배우고 나를 본받는 신앙생활을 하라.(목사가 하는 것을 보고, 좋은 것을 따라 하십시오. 나쁜 것은 말고) 성도가, 신앙생활을 오래 했으면, 나를 본받으라고 말할 수 있어야 합니다. 신앙생활 10년쯤 했으면 나중 믿는 성도에게 신앙생활은 이렇게 하는 것입니다. 말 할 수 있어야 합니다.

'이렇게 사랑하고, 이렇게 감사하고, 이렇게 헌신하고, 이렇게 충성하는 것입니다.' '가정에서 이렇게 하고, 마을에서 이렇게 하고, 교회에서 성도끼리, 목회자에게 어떻게.
먼저 믿는 성도님들, '신앙생활은 이렇게 하는 것입니다. 나를 본 받으세요 할 수 있습니까?' (잘 하고 계시지요! 감사합니다)
신앙생활을 5년, 10년 했으면 (자기 자랑, 고집은 말고~~) 아름다운 본을 보여야 합니다. 교회가 50년, 90년 되면 아름다운 전통이 있어야 합니다.(말씀 안에서 아름다운 신앙생활과 교회가 만들어져야 한다)
말씀으로 변화되어 본을 보이는 신앙생활을 하시기 바랍니다.

:18~20 어떤 이들은 내가 너희에게 나아가지 아니할 것 같이 스스로 교만하여졌으나, 주께서 허락하시면 내가 너희에게 속히 나아가서 교만한 자들의 말이 아니라 오직 그 능력을 알아보겠으니, 하나님의 나라는 말에 있지 아니하고 오직 능력에 있음이라.
사람은 유한하지요.(한계가 있습니다). 그래서 유한한 인간에게 능력이라는 말은 우리의 마음을 끄는 매력이 있습니다.
그런데, 그 능력이 어떤 능력이냐 하는 것이 중요합니다. 에덴동산에서 마귀가 하와에게 찾아왔습니다. '선악과를 따먹게 되면 너는 눈이 밝아져 하나님같이 될 것이다' 하나님같이 되는 능력
40일 금식하신 예수님께 마귀가 와서 유혹했습니다.
'내게 절하라. 그리하면 세상의 모든 영광을 네게 주리라' (세상영광을 다 가지는 능력)

내가 원하는 능력이-세상에서, 내가 영광 받고 싶은 능력입니까?
아니면, 나를 감추고, 주님을 드러내려는 능력입니까?

내가 영광 받고 싶은 능력은, 욕심이고요. 주님을 드러내고자하는 능력은, 겸손이지요. 주님은 내 욕심을 위해 일하는 분이 아니십니다. 주님은, 주님의 영광을 위해 일하는 분이십니다. 주님은 하시고자 하실 때, 어떤 능력이든, 무슨 일이든 하시는 분이십니다.

성도는 주님의 능력을 사용하는 자가 아닙니다. 주님이 일하실 때, 단지 통로가 되는 것입니다.

성경을 읽을 때 한 단어보다, 한 절을 읽으시고, 한 절보다 한 단락, 한 장을 읽으십시오. 이것이 성경을 해석하고, 하나님의 뜻을 아는 방법입니다.

빌 4:13 내게 능력 주시는 자 안에서 내가 모든 것을 할 수 있느니라.

하나님과 함께 무슨 일을 하자는, 것입니까? 병고치고, 귀신을 아내고 땅을 뒤집고, 하늘을 날아가고... 그런 것입니까? 아닙니다.

빌 4:12 나는 비천에 처할 줄도 알고 풍부에 처할 줄도 알아 모든 일 곧 배부름과 배고픔과 풍부와 궁핍에도 처할 줄 아는 일체의 비결을 배웠노라.

예수님 안에서, 자족하는 마음을 갖고 높아지고 배부를 때, 교만하지 않고, 낮아지고 배고플 때, 비굴하지 않을 힘을 가졌다는 말씀입니다.

:20 하나님의 나라는 말에 있지 아니하고 오직 능력에 있음이라.

흔히 한 절만 사용하는데 앞 뒤, 그리고 한 장 전체를 읽어봐야 합니다. 주님께서 말씀하고 싶은 능력은 어떤 희한한 이적을 말하는 것이 아닙니다. 옛 사람을 벗어버린 의와 거룩한 화평을 이루는 실제적인 모습. 변화된 인격 변화된 생활을 말하는 것입니다.

바울과 같이, 주리고 목마르며 헐벗고 매 맞으며 정처가 없고, 수고하여 친히 손으로 일을 하며, 모욕을 당한즉 축복하고 박해를 받은즉 참

고, 비방을 받은즉 권면하니.(4:11~13)
이것이 능력입니다. 주님은, 이런 능력을 말씀하십니다.
고린도교회에는, 음행하는 자, 우상 숭배하는 자, 간음하는 자, 탐색하는 자, 남색하는 자(동성애), 도적, 탐욕을 부리는 자, 술 취하는 자, 자기 자랑하는 자, 모욕하는 자, 속여 빼앗는 자도 있었습니다.
이렇게 맘대로 죄를 짓는 것은, 능력이 아닙니다. 이것은 타락입니다.
이러한 사람들은 하나님의 나라를 유업으로 받지 못한다고 확실히 말씀하고 계십니다.(6:9,10) 성도의 능력은, 자기를 부인하는 거룩한 삶이 능력입니다. 거룩한 삶을 사는 것이 능력입니다.
오래 믿었고, 은사를 말하지만 생활이 더럽고 복잡한 사람이 있습니다.(술, 담배, 남녀, 우상) 이것은 성도의 모습이 아닙니다. 죄와 마귀에게 속아 사는 패배자의 모습입니다.
내가 거룩하니 너희도 거룩할지어다(벧전 1:14~17)
성도에게 진정한 능력 성령 충만의 최고의 능력은, 자기를 부인하며, 자기 십자가를 지며 죄를 이기는 힘입니다. 하나님의 말씀을 순종할 수 있는 힘 거룩할 능력입니다.
우리에게 이런 능력이 있습니까? 주여! 거룩할 능력을 내게 주세요.
말씀과 기도로 성령 충만하시고, 거룩할 능력을 소유하시기 원합니다.

14 거룩함을 위하여

고전 5:11~13

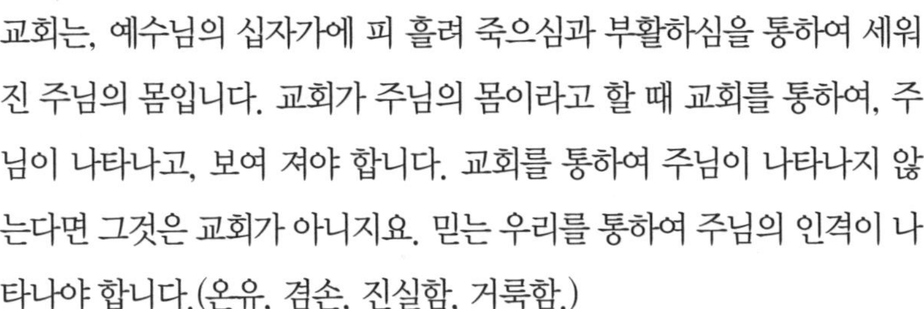

교회는, 예수님의 십자가에 피 흘려 죽으심과 부활하심을 통하여 세워진 주님의 몸입니다. 교회가 주님의 몸이라고 할 때 교회를 통하여, 주님이 나타나고, 보여 져야 합니다. 교회를 통하여 주님이 나타나지 않는다면 그것은 교회가 아니지요. 믿는 우리를 통하여 주님의 인격이 나타나야 합니다.(온유, 겸손, 진실함, 거룩함.)

내가 예수님을 믿는다는 것은 죄인이 지옥 간다는 것을 아는 것입니다. 지옥에 가야할 그 죄인이, 바로 나라는 것을 아는 것입니다. 죄를 멀리하고, 다시는 죄의 종으로 마귀의 종으로 살지 않기로 작정하는 것입니다. 그래서 성도는, 예수님처럼 온유하고, 겸손하며 죄를 멀리하고, 자기를 부인하고, 자기 십자가를 지며 세상의 소금과 빛이 되는 모습이 있어야 합니다.

엡 4:21~25 **진리가 예수 안에 있는 것 같이 너희가 참으로 그에게서 듣고 또한 그 안에서 가르침을 받았을 진대, 너희는 유혹의 욕심을 따라 썩어져 가는 구습을 따르는 옛 사람을 벗어 버리고, 오직 너희의 심령이 새롭게 되어, 하나님을 따라 의와 진리의 거룩함으로 지으심을 받은 새 사람을 입으라. 그런즉 거짓을 버리고 각각 그 이웃과 더불어 참된 것을 말하라.**

:28,29 도둑질하는 자는 다시 도둑질 하지 말고 돌이켜 가난한 자에

게 구제할 수 있도록 자기 손으로 수고하여 선한 일을 하라. 무릇 더러운 말은 너희 입 밖에도 내지 말고 오직 덕을 세우는 데 소용되는 대로 선한 말을 하여 듣는 자들에게 은혜를 끼치게 하라.

예수님을 믿는다는 말은, 죄를 따라 살지만 교회는 나오겠습니다... 그런 말이 아닙니다. 우상을 섬기지만 교회는 나오겠습니다... 그런 말이 아닙니다. 욕심 부리고 거짓말을 하지만 교회는 나오겠습니다... 그런 말이 아닙니다. 예수님을 믿는 것은, 죄와 마귀에 대하여, 영적 전쟁을 선포하는 것입니다.

예수님을 믿는다는 말은 마귀의 종으로 살던 내가 죄를 싫어하시는 하나님 앞에 살기로 작정하는 것입니다. 나도 죄를 싫어하겠습니다.

하나님을 두려워하며, 의롭게 거룩하게 살기로 작정하는 것입니다.

천국에 소망을 두고–정욕과 탐심을 버리기로, 작정하는 것입니다.

흙으로 돌아갈 육체를–영혼을 위해 살기고, 작정하는 것입니다.

고린도교회의 대부분 성도들은 신실하게 신앙생활을 했습니다. 그런가 하면 여전히 죄를 따라, 육신의 따라 사는 성도도 많이 있었습니다.

:1 너희 중에 심지어 음행이 있다 함을 들으니 그런 음행은 이방인 중에서도 없는 것이라 누가 그 아버지의 아내를 취하였다 하는도다.

아버지의 아내라는 말은 아버지의 첩을 말한다고 해석합니다. 고린도교회 성도 중에는 아버지의 첩과 간음하는 자가 있었습니다. 우리 교회 성도 중에도 간음하는 사람, 또는 결혼하지 않고 사는 사람이 있습니까? 이것은 육신의 정욕을 즐기려는 죄입니다. 헤어져야 합니다.

주님은 죄를 싫어하십니다. 함께 살려면, 정식을 결혼을 해야 합니다. 그렇지 않으면 회개하고 헤어져야 합니다. 죄는 더러움입니다. 성도는 죄를 버려야 합니다. 주님은 13절에서 이 악한 사람은 너희 중에서 내어 쫓으라고 말씀하십니다.

:5 이런 자를 사탄에게 내어주었으니 이는 육신은 멸하고 영은 주 예수의 날에 구원을 받게 하려 함이라.

교회에서 내어 쫓기고, 죄를 깨닫고 회개하면 영혼은 구원 받을 것입니다. 그러나 죄를 회개하지 않으면 망하고 말 것입니다. (6:10)

:6 너희가 자랑하는 것이 옳지 아니하도다 적은 누룩이 온 덩어리에 퍼지는 것을 알지 못하느냐.

죄는 누룩과 같습니다. 작은 것 같지만, 점점 퍼지게 되고, 전부를 못 쓰게 만드는 것입니다. 교회가 성도의, 죄를 묵인하면 점점 퍼지고 교회는, 마귀의 종이 됩니다. 죄를 묵인하면 예수님의 지체가 될 수 없습니다. 죄를 묵인하면 세상을 변화시킬 소금과 빛의 사명을 감당할 수 없습니다. 죄를 묵인하면 교회는 세상에게 짓밟히게 됩니다.
영혼구원: 복음전도의 사명을 감당할 수 없습니다.

:7 너희는 누룩 없는 자인데 새 덩어리가 되기 위하여 묵은 누룩을 내버리라 우리의 유월절 양 곧 그리스도께서 희생되셨느니라.

죄를 회개하고 예수님을 영접하면 죄 사함을 받고 누룩 없는 자입니다. 교회는 각자 각자가 아닙니다. 한 덩어리입니다. 팔, 다리가 따로따로 나누어져서 몸이라고 말할 수 없습니다. 머리인 예수님을 중심으로 모든 성도가 하나로 연결되어 있습니다. 하나의 죄를 허락하면, 전부 오염되고 맙니다.
그 죄 때문에 예수님이 저주 받으시고, 십자가에 못 박혀 피 흘려 죽으셨습니다. 죄를 따라가고, 죄를 즐기며 예수님과 한 몸이 될 수 없습니다.(죄에 부담이 없는 사람, 영지주의, 구원파, 이단: 주님을 다시 십자가에 못 박음(히 6:6)

:11~13 이제 내가 너희에게 쓴 것은 만일 어떤 형제라 일컫는 자가 음행하거나 탐욕을 부리거나 우상 숭배를 하거나 모욕하거나 술 취하거나 속여 빼앗거든 사귀지도 말고 그런 자와는 함께 먹지도 말라 함이라.(탐욕: 과도한 이익을 내려고 하는 자) 밖에 있는 사람들을 판단하는 것이야 내게 무슨 상관이 있으리요 마는 교회 안에 있는 사람들이야 너희가 판단하지 아니하랴.(모욕: 남을 욕하고 비방하기 잘하는 자) 밖에 있는 사람들은 하나님이 심판하시려니와 이 악한 사람은 너희 중에서 내쫓으라.

믿지 않는 사람은 상관할 것이 없습니다. 결국은 하나님께서 심판하실 것입니다. 그러나 믿는 성도가 음행, 탐욕, 우상숭배, 모욕, 술 취함, 사기꾼이 있다면, 교회는, 그 사람과 사귀지 말고, 함께 식사하지도 말고/ 내 쫓으라고 주님은 말씀하십니다.

주님께서 함께하시는 교회되기 위해서, 거룩하기 위해서, 죄를 버려야 합니다.(고전 3:17)

그러면, 이렇게 말합니다. 다 나가면, 교회는 누가 있습니까? 그러나 많이 있다고, 교회는 아닙니다. 의와 진리의 거룩함을 잃어버리면 죄인의 모임 일 뿐입니다.

우리는 마음이 너무 넓어서 그냥 놔주면, 혹시 예수님을 믿게 되지 않을까, 회개하지 않을까 해서, 그냥 참고 봐주지요.(표지: 구별되는 특징) 그러나 그것이 죄를 번지게 만들고 교회를 다 망하게 한다는 것을 알아야 합니다. (마 8:15~18 교회의 4대 기능, 3대 표지: 예배. 전도. 교

제. 봉사/말씀. 성례. 징계)

'그래도 그렇지 교회서 내쫓으라니, 이래도 되나' 생각되지만, 주님은 단호하십니다. "내 쫓으라" (된장 항아리에 곰팡이가 있으면, 아깝게 생각하지 않고, 퍼내더라)

죄는 십자가에 피 흘려 죽으신 주님의 피 공로를 조롱하는 것입니다.(히 6:6) 우리에게 죄가 있으면 당장 회개하고 돌이켜야 합니다.

당장 회개하십시오. 죄를 자복하고 버리십시오. 죄는 구원에 이를 수 없습니다.(6:10)

교회는 거룩한 주님의 몸입니다. 교회는 세상 앞에, 예수님의 향기가 되어야 합니다. 예수님의 편지가 되어야 합니다. 거룩한 주님을, 세상에 보여주어야 합니다. 그래서 또 한 영혼을 구원해야 할 사명을 이루어 드려야 합니다. 구원하신 주님과 구원해야 할 이웃을 위해, 자기를 거룩하게 하십시오. 자기를 성령과 진리로 거룩하게 만들어가는 저와 여러분이 되시기 바랍니다.

15 이기는 성도

고전 6:19, 20

고린도교회는 받은 은사도 많고, 자랑할 것이 많은 교회였습니다. 그러나 그 자랑하는 것이, 영에 속한 자랑이 아니었습니다. 육신의 욕심에 속한 것이었습니다.

고린도교회에 재판사건이 있었습니다. 그런데 이 문제를 해결하는데, 성도로서 하나님의 말씀으로 해결하지 못하고 세상 사람과 같은 모습으로 해결했습니다. 믿지 않는 사람을 재판관으로 세우고 세상의 법에 따라 재판했습니다.

:8 너희는 불의를 행하고 속이는구나.(=빼앗는구나)

성도끼리 육신의 이익을 얻기 위해서 불의한 재판관을 세우고, 뇌물을 주고, 속이고 또 빼앗았습니다. 교회에서 세상 방법으로 속이고, 빼앗고, 고발하고 이런 일을 불의라고 말씀하십니다. 이런 불의의 결과가 무엇입니까?

:9,10 불의한 자가 하나님의 나라를 유업으로 받지 못할 줄을 알지 못하느냐 미혹을 받지 말라 음행하는 자나 우상 숭배하는 자나 간음하는 자나 탐색하는 자나 남색 하는 자나 도적이나 탐욕부리는 자나 술 취하는 자나 모욕하는 자나 속여 빼앗는 자들은 하나님의 나라를 유업으로 받지 못하리라.

속이고, 빼앗고, 고발하고, 음행, 우상숭배, 간음, 탐색, 남색(동성애),

도적, 탐욕, 술 취함, 모욕, 속여 빼앗음.
이런 죄악은, 예수님의 십자가의 피로 정결케 한 자기를 다시 더럽히며, 이웃과 형제들을, 망하게 하는 것입니다. 하나님나라를 유업으로 받지 못하게 합니다.

:11 너희 중에 이와 같은 자들이 있더니 주 예수 그리스도의 이름과 우리 하나님의 성령 안에서 씻음과 거룩함과 의롭다 하심을 받았느니라.
어떤 성도는 믿지 않을 때, 그런 죄를 짓고 살다가 믿은 후에는 죄를 버렸습니다. 그런데 또 어떤 사람은 믿고 나서, 오히려 자유롭게, 그 죄로 돌아간 자가 있습니다.
성도들은 형제입니다. 말로만 말하는 형제가 아니라, 예수님의 피를 나눈 실제 형제입니다. 그러므로 형제를 사랑하고, 형제를 배려해야 합니다.
형제에게 희생과 양보가 있어야 하는데 돈 때문에, 욕심 때문에, 자존심 때문에, 형제를 해치고, 보복하고, 모욕하는 것은, 성도의 모습이 아닙니다. 그러므로 돈 때문에, 욕심 때문에 자존심 때문에 형제와 다투지 마십시오.(눅 6:30~38) 믿음의 형제에게 나누고 베풀고 거룩하고 의롭게 행하는 사람이 되어야 합니다.
교회 일을, 세상 사람들 앞에서 다투거나, 송사하지 마십시오. 또한, 세상사람 들에게 말하고 다니지 마십시오.(자기야, 내 얘기 좀 들어봐! 우리교회에 있잖아~~, 우리 목사가 있잖아~~)
우리가 정말로 예수님의 십자가의 피로 구원받았다는 믿음이 있다면, 자기 얼굴에 침 뱉기, 아니 주님의 얼굴에 침 뱉기이며, 주님의 복음을 가로막는 죄입니다.
예수님은, 그 피로, 우리를 지옥의 형벌에서 구원하신 주님이십니다.

:19,20 너희 몸은... 너희는 너희 자신의 것이 아니라. 값으로 산 것이 되었으니 그런즉 너희 몸으로 하나님께 영광을 돌리라.

기독교의 이단 중에, 영지주의가 있습니다. 그들은 영은 선하고, 육체는 악하다는 것입니다. 영은 영원한 것이기에 귀하고, 육체는 썩어질 것이기에 아무렇게나 해도 된다. 영이 죄 사함을 받았으니, 육체는 아무렇게나 살아도 된다는 것입니다. 그래서 죄에 대해서 거리낌이 없는 사람들입니다.(구원파) 회개하지 않고 예수 믿고, 죄에 대해 부담이 없는 사람들.

우리는 그렇지 않습니까? 그렇다면 이것이 이단입니다.

그래서 주님은, 육신의 죄 때문에 영혼이 망한다고 말씀하십니다.

:15 너희 몸이 그리스도의 지체인 줄을 알지 못하느냐 내가 그리스도의 지체를 갖고 창녀의 지체를 만들겠느냐 결코 그럴 수 없느니라.

영혼과 육체는 나누어질 수 없는 하나입니다. 육체는 하나님 앞에서 너무나 귀한 것입니다. 육체가 있는 동안만 영혼을 성공시킬 수 있습니다. 육체가 있는 동안만 주님의 은혜에 감사할 수 있고, 육체가 있는 동안만 주의 나라와 그 의를 위해 살 수 있습니다.

그런 의미에서 육체는, 축복의 시간입니다. 축복의 기회입니다.

노인– 죽어야지, 죽어야지, 아닙니다– 축복의 기회입니다.

감사의 기회입니다. 충성의 기회입니다.(기도, 찬양, 성경 읽기)

영혼을 성공시키기 위해 육체를 사용하십시오. 충성하기 위해 육체를 사용하십시오. 주의 나라와 그 의를 위해 사용하십시오. 몸을, 놀고, 먹고, 마시고 즐기는데 사용할 수 있습니다. 그러나 몸은 놀고, 먹고 마시고 즐기기 위해서가 아니라 영혼을 위해서 중요한 것입니다.

:19,20 너희 몸은 너희가 하나님께로부터 받은바 너희 가운데 계신 성령의 전인 줄을 알지 못하느냐 너희는 너희의 것이 아니라, 값으로 산 것이 되었으니 그런즉 너희 몸으로 하나님께 영광을 돌리라.

성령님은 성도가 세상에서 예수님을 닮아가는 삶을 살게 하십니다. 주의 나라와 그 의를 구하며, 충성하게 하십니다. 성도가, 자기 힘으로 세상을 이길 수 있습니까? 마귀를 이길 수 있습니까? 욕심과 고집과 정욕과 자랑을 다스릴 수 있습니까? 아닙니다. 오직 성령님만이 성도를 승리하게 하실 수 있습니다. 성령 충만은 성령님의 인도를 받는 것입니다 진리의 인도를 받는 것입니다. 그래서 성령 충만을 받으라고 하는 것입니다. 그러므로 성령님은 성도들의 소망입니다.

반대로, 죄는 거룩하신 성령님으로 일하지 못하도록 만드는 것입니다. 성령님께서 성도 안에서 일하지 않으신다면 성도는 소망이 없습니다. 몸과 영혼은 하나입니다. 육체에는 정욕과 탐심이라는 죄의 씨가 있습니다. 육체의 소욕을 따라 몸으로 죄를 지으면, 영도 함께 죄를 짓는 것입니다. 몸으로 죄를 짓는 것은 성령의 전을 더럽히는 일입니다.

성령님께서 주인이시고 성령님께서 역사하실 때만이 성도에게 소망이 있습니다. 성령님께서 역사하실 때, 불의의 죄에서 떠날 수 있습니다.

(갈 6:16) 성령 충만으로 우리의 몸을 죄에게 내어주지 마십시오. 죄를 이기며, 영혼을 성공시켜 가시기 원합니다.

16 결혼

고전 7:38~40

간음의 죄가 있는 고린도교회, 결혼에 대해서 말씀해 주고 계십니다.

① :1~7 결혼했으면, 남편과 아내는 서로에게 의무를 다하라.

② :8~24 이혼과 재혼의 문제/ 결혼했으면, 헤어지지 말아야 한다. 불신자와 결혼했으면, 그를 구원할 수 있도록 하라. 혹시, 간음의 죄로 인해, 헤어질 수 있지만, 그러나 재혼하려면 다시 그 사람과 합하고, 남편이 죽고 혼자되었다면 주안에서(믿음안에서) 하라.

③ :25~40 처녀와 결혼의 문제. 전심으로 주님을 기쁘시게 하기를 원한다면 결혼하지 않는 것도 잘하는 것이다. 그러나 정욕을 절제할 수 없으면 결혼하라.

성경의 결혼에 대해서 살펴보며, 은혜를 나누고자 합니다.

창 2:7 여호와 하나님이 땅의 흙으로 사람을 지으시고 생기를 그 코에 불어넣으시니 사람이 생령이 되니라.

하나님께서는 우리 조상, 첫 사람 아담을 창조하실 때, 흙으로 몸을 지으시고, 코에 하나님의 생기를 불어넣으시므로 사람이 생령이 되었다고 말씀 하십니다.(영혼+성령=생령/ 죄로 성령이 떠나 죽은 영)

이 말씀은, 사람의 몸은 흙으로 지었지만 (예수님=다시 들어오셔서 살려주는 영: 고전 15:45) 하나님을 모시고 섬기는 영혼이 있는 영적인 존재로 지으셨다는 말씀입니다.

하나님께서 세상을 창조하시고 인간에게 첫 번째 조직사회를 주셨는데, 그것이 가정입니다. 결혼은 하나님께서 정하신 첫 번째 법이요. 첫 번째 축복이지요.

말 2:16 이스라엘의 하나님 여호와가 이르노니 나는 이혼하는 것과 옷
으로 학대를 가리는 자를 미워하노라 만군의 여호와의 말이니라 그러므로 너희 심령을 삼가 지켜 거짓을 행하지 말지니라.

주님은, 한 남자와 여자가 결혼하여 가정을 이루길, 정하셨습니다. 또한, 헤어지는 것과 아내를 학대하는 일은, 하나님께서 허락하지 않은 일이라고 말씀하십니다.

하나님께서, 결혼과 가정을 왜 주셨을까요?

창 2:18 여호와 하나님이 이르시되 사람이 혼자 사는 것이 좋지 아니하니 내가 그를 위하여 돕는 배필을 지으리라.

총각과 처녀가 만나서 결혼하는 것은, 하나님의 뜻입니다. 그러니 당연히 결혼을 해야 할 것입니다. 그러나 그저 둘이 만나서 좋아하고, 결혼하고, 애기 낳고, 살다 죽기 위해서, 결혼이 주어진 것은 아닙니다.

하나님께서는, 결혼과 가정을 만드신 것은 서로 돕게 하기 위해서 만드셨다고 말씀하십니다.

첫 번째로 결혼은 세상을 살아가는데, 함께 있어주는 것입니다.
서로에게 힘과 도움과 위로가 되기 위해서 돕는 배필이 되는 것입니다.
서로가 열심히 도와주시고 사랑하시기 바랍니다.
남편이 밖에서 성공하기 위해서는 아내가 남편의 말을 잘 들어주십시오.. 가정이 평안하기 위해서는 남편이 아내 말을 잘 들어주십시오.
서로 잘 도와주어야 가정이 행복하고, 성공할 수 있습니다.

두 번째로 사람은, 영적인 존재로서 하나님을 섬기는 일에 서로 돕는 배필이 되어야 합니다.
하나님을 잘 섬기는 것은, 결혼을 안 했어도 당연한 일이겠지만, 결혼하신 분들은, 하나님을 잘 섬기는 일에, 확실히 서로에게 도움이 되시기 바랍니다. 성경 읽자, 기도하자, 예배드리자, 헌금하자, 찬양하자, 전도하자, 주님의 일 좀 열심히 하자.(하지말자 줄이자. 그러면 아니다 더하자. 당신을 위해서 더 열심을 내라) 이렇게 도움이 되어야 하고, 또 그렇게 신앙이 성장하도록 도와주고 협력해야 합니다. 한쪽이 나태하고 게으르면, 한쪽이 열심내자고 해야 합니다.

첫 사람, 아담과 하와 때부터, 남편은 아내의 말을 잘 듣습니다.
남편이 아내 말을 안 듣는 것 같아도, 아내 말을 잘 듣습니다. 선악과 먹고 같이 죽자고 하는 말에도, 아담은 하와의 말에 순종을 했거든요.
이 잘 못된 순종으로, 예수님께서 우리 죄를 해결하기 위해, 십자가에 죽으셔야만, 했습니다. 이전에는 아내 때문에 죽었습니다. 이제는 아내가 영적인 말로, 남편을 살려야 합니다.
제 생각에는, 남편이 신앙생활을 더 잘하면 좋겠습니다. 그렇지 않다면 아내가 신앙생활을 똑바로 해야 합니다. 그래서 서로 간에 하나님을 잘 섬기는 일에, 자기 영혼을 성공시켜가는 일에 협력자와 동역자가 되어야 합니다. 오늘은 쉬자.. 놀자.. 이런 말로 꼬이지도 말고, 그런 말에 넘어가지도 마십시오.
원망, 불평하는 데, 동역자 되지 마십시오. 타락하는 일에 협력자 되지 마십시오. 망하는 일에 동역자 되지 마십시오. 둘이 협력해서 하나님을 멀리하지 말고, 하나님을 잘 섬기는 일에 협력해야 합니다.
사람들이 알든 모르든, 하나님의 명령에 따라서, 혼기가 되서 결혼을 하지만, 성도들은, 그저 나이 때문에 결혼하는 것이 아니라, 예수님을 사랑하고 하나님을 잘 섬기기 위한 결혼을 해야 합니다. 그리고 결혼한 부부는, 부부가 하나님 앞에 예쁘게 보이도록 노력해야 합니다.

창 2:24 이러므로 남자가 부모를 떠나 그의 아내와 합하여 둘이 한 몸을 이룰지로다.
한 남자와 한 여자가 만나 결혼하는 것은, 하나님께서 정하신 뜻입니다.
말 2:15 그에게는 영이 충만하였으나 오직 하나를 만들지 아니하셨느냐 어찌하여 하나만 만드셨느냐 이는 경건한 자손을 얻고자 하심이라.
가정은 하나님께서 세상을 창조하시고, 인간에게 첫 번째 조직사회입니다. 한 남자와 한 여자가 결혼하여 가정을 세우게 하신 하나님의 뜻은, 경건한 자손을 세우기 위한 것입니다. 가정은 믿음의 가정, 믿음의 자손을 세우고, 교회는 복음전도로 믿음의 자손을 만드십시오.
결혼하지 않고, 혼자 사십니까? 그 마음에 예수님을 품으시고, 주님을 기쁘시게 하십시오. 결혼했습니까? 남편과 아내는, 하나님을 잘 섬기기 위해서 서로 협력자가 되십시오. 결혼할 자녀가 있습니까? 하나님을 잘 섬기도록 배우자를 택하게 하시고, 하나님을 잘 섬기는 결혼하도록 기도 많이 해주시기 바랍니다.
하나님께 사랑받고, 하나님의 복을 누리는 가정이 되고, 복음으로 또 한 영혼을 구원하는 우리가 되기를 원합니다.

17 사랑으로 덕을(우상의 제물)

고전 8:1~3(:1~13)

교회에서 자기는, 좀 신령하다고 생각하는 사람이 있습니다. 좀 깨달았다고 생각하는 사람이 있습니다. 좀 영적이라고 생각하는 사람이 있습니다. 좀 능력 있다고 생각하는 사람이 있습니다. 그 생각으로 인한 교만이 항상 문제를 만들어 냅니다.

그만큼 형제를 돌아보고, 기도 해준다면 잘하는 것입니다. 그러나 자기밖에 모르고 자기는 다 맞고, 남은 다 틀리고 이렇게 우월주의로 형제를 판단하고, 정죄한다면 잘 못된 신앙입니다.

그런데, 우리는 이런 실수를 잘한다는 것입니다.

능력은 주님께 있습니다. 언제나 주님이 하십니다. 성도는 주님이 쓰시고 일하시는 통로입니다. 성도에게는 온유, 겸손, 낮아짐이 능력입니다. 주님께서 그 사람을 사용하십니다.

고린도교회에도 이런 사람으로 인해 문제가 생겼습니다.

'우리는 예수님을 믿어 자유하니 무엇을 해도 된다. 자유하지 못하는 너희는 불쌍하다.'

그 지식으로 교만하게 되었습니다. 지식은 교만, 사랑은 덕을 세웁니다. 주님은, 그 지식으로, 사랑의 덕을 세우라고 말씀하십니다. (덕=나, 너, 하나님 모두 좋은 것)

믿지 않을 때의 자유는, 내 맘대로 하는 자유입니다. 내 맘대로 하는 자유는 죄 짓는 자유입니다. 내 맘대로 하는 자유는, 하나님의 말씀에 순종하지 않는 자유입니다. 내 맘대로 하는 자유는, 하나님의 말씀을 거절하는 자유입니다. 내 맘대로 하는 자유는, 정욕과 탐심, 죄의 종이 되는 것입니다.
죄 가운데 있을 때에는 자유가 없습니다. 그저 종일뿐입니다. 성도의 자유는 내 맘에 끌려가지 않는 자유입니다. 참된 자유는, 죄에 끌려가지 않고, 세상과 육신에 거절하는 자유입니다. 자기를 부인하며, 절제하며 말씀에 순종할 자유입니다. 거룩하고 경건하게 살아갈 수 있는 자유입니다. 말씀을 택하고, 성령의 인도하심을 택할 수 있는 자유입니다.
자유하다고 믿는 고린도교회에 우상의 제물을 먹는 것에 문제가 있었습니다.
고린도에 신화가 있습니다. 그리스 신화, 많은 신을 만들어 섬겼습니다. 그리스신화에 보면, 많은 우상과 귀신이 나옵니다.(하늘신 땅신 해신, 달신, 바다신, 농사신) 그리고, 그 우상숭배에는 음행과 함께, 꼭 짐승을 제물로 바쳤습니다. 우상이 보편화되어, 우상의 단에 제물로, 먼저 바치고, 먹기도 하고, 팔기도 합니다.
우상에 예물을 드린다는 것은, '우리가 먹고 마시는 모든 것은, 다 당신이 주셨습니다.' 하고 그 우상을 섬기는 것입니다. 그리고 그 후에 그 제물을 먹기도 하고, 많으면 시장에다 팔았습니다.(한국, 추석)

예수님의 믿음을 가진 후에, 어떤 성도는, 우상을 숭배하지 않고, 우상의 제물로 자신을 더럽히지 않으려고 조심하고, 신경을 씁니다.
그런데 말씀을 좀 깨달았다고 하는 사람들은 조심하지 않는 다는 것입니다. 이것은 자유가 아니라, 방종하는 것입니다.(아무 거리낌 없이 제멋대로 행동함)

주님은 모든 일을, 모두에게 덕이 되게 하라고 말씀하고 계십니다.

벧전 4:2~5 그 후로는 다시 사람의 정욕을 따르지 않고 하나님의 뜻을 따라 육체의 남은 때를 살게 하려 함이라. 너희가 음란과 정욕과 술취함과 방탕과 향락과 무법한 우상 숭배를 하여 이방인의 뜻을 따라 행한 것은 지나간 때로 족하도다. 이러므로 너희가 그들과 함께 그런 극한 방탕에 달음질하지 아니하는 것을 그들이 이상히 여겨 비방하나,

그들이 산 자와 죽은 자를 심판하기로 예비하신 이에게 사실대로 고하리라.

신앙생활은 어떻게 하면 내 맘대로, 내 욕심대로 해볼까 하는 것이 아닙니다. 신앙생활은 성령님과 함께, 말씀을 따라 경건하게 사는 것입니다.

시 1:1,2 복 있는 사람은 악인의 꾀를 좇지 아니하며 죄인의 길에 서지 아니하며 오만한 자의 자리에 앉지 아니하고, 오직 여호와의 율법을 즐거워하여 그 율법을 주야로 묵상하는 자로다.

성도는 앉고, 서고, 눕는 자리와 먹고, 마시는 것에 대해서 물건을 사고, 파는 것에 대해서, 조심해서 덕이 되게 해야 합니다. 무엇이든 할 수 있지만 모든 것이 유익한 것이 아닙니다.

고전 8:10,11 지식 있는 네가 우상의 집에 앉아 먹는 것을 누구든지 보면 그 믿음이 약한 자들의 양심이 담력을 얻어 우상의 제물을 먹게 되지 않겠느냐. 그러면 네 지식으로 그 믿음이 약한 자가 멸망하나니 그는 그리스도께서 위하여 죽으신 형제라.

이 말씀은 우상의 제물을, 자유롭게 먹었다는 말이 아닙니다.(고전10:27에서 해석한다)

10:27 불신자 중 누가 너희를 청할 때에 너희가 가고자 하거든 너희 앞

에 차려 놓은 것은 무엇이든지 양심을 위하여 묻지 말고 먹으라.

우상을 섬기는, 불신자의 초청으로 그 집에 들어가서 밥도 먹고, 고기도 먹었다는 말입니다. 그런데 이 모습을 초신자가 보고 '먼저 믿는 성도가 우상의 제물을 먹는구나,' '우상의 제물을 먹어도 되는가 보다.' 라고, 생각한다는 것입니다. 그리고 그 초신자가 제물을 편하게 먹게 되면 망하게 된다고 말씀하십니다.

그러므로 초신자를 생각해서 먼저 믿는 성도는 놀고, 먹고, 마시는 장소와 상황을, 구별하라고 말씀하십니다.

다음에 10장, 먼저 믿는 성도나 직분자들은 놀고 싶다고 아무데서나 놀고, 먹고 싶다고 아무데서나 아무것이나 먹고 마시면, 안 됩니다.

먼저 믿는 성도나 직분자는, 연약한 성도를 돌아보는 사랑의 마음으로 말하는 것이나, 앉고, 서고, 눕는 자리와 먹고, 마시는 것에 대해서 물건을 사고, 파는 것에 대해서, 조심해서 덕을 세우시고, 복음을 전하는 기회를 만드시기 바랍니다.

18 신령한 것을 뿌렸은즉

고전 9:11~14

:9 모세의 율법에 곡식을 밟아 떠는 소에게 망을 씌우지 말라 기록하였으니 하나님께서 어찌 소들을 위하여 염려하심이냐.

중동지방에서는 곡식을 타작하는데 소로 연자방아를 돌리든지, 소로 곡식을 발로 밟아 떨도록 하지요. 소가 일하는데 입에 망을 씌우면 먹지 못하고, 배가 고파서 어떻게 일을 하겠느냐! 소의 입에 망을 씌우지 말고 먹으면서, 힘 있게 일하게 하도록 해줘라. 먹을 것을 주면서 일을 시켜라. 하는 말씀입니다.

소가 일하면서 먹는 것 때문에, 손해를 보는 것 같지만 아니라는 것입니다. 소가 힘 있게 일하니, 오히려 사람에게 이익이 된다는 말이지요.

9장에서 주님은 목회자의 생활비에 대해서 말씀해 주십니다.

(배경: 바울이 사도임을 인정하지 않고, 생활비, 선교활동비를 협력하지 않으려는 고린도교회) 구약의 이스라엘의 자손에 12지파가 있는데 하나님께서는 12지파 중에서 레위지파 사람들을 특별히 구별해서 12지파를 대신해서, 하나님의 성전에서 봉사하여 하나님을 섬기도록 했습니다.

레위 지파 사람들 중에서도, 아론의 자손을 특별히 구별하여 제사장을 삼으셨습니다. 제사장은 하나님의 말씀을 갖고, 예배를 주관한 사람들입니다. 예배가 성공하는 것은, 하나님과 바른 관계를 맺는 것입니다. 예배가 실패하는 것은, 하나님과 바른 관계가 깨어지는 것입니다. 예배는 하나님을 섬기는 일이지요. 그래서 하나님께서는 예배를 받으시기 원하십니다. 하나님께서는, 예배를 너무 귀하게 여기십니다.

성도가, 하나님 앞에 받은바 은혜에 대한 감사로 십일조와 감사 헌금을 예물로 드리지요. 하나님 앞에 드리는 예물은 하나님을 주인으로 섬기는 일입니다. 또한 천국에 상급을 쌓는 것입니다.

마 6:19,20,24 너희를 위하여 보물을 땅에 쌓아 두지 말라 거기는 좀과 동록이 해하며 도둑이 구멍을 뚫고 도둑질하느니라. 오직 너희를 위하여 보물을 하늘에 쌓아 두라 저기는 좀이나 동록이 해하지 못하며 도둑이 구멍을 뚫지도 못하고 도둑질도 못하느니라. 한 사람이 두 주인을 섬기지 못할 것이니 혹 이를 미워하고 저를 사랑하거나 혹 이를 중히 여기고 저를 경히 여김이라 너희가 하나님과 재물을 겸하여 섬기지 못하느니라.

그리고 하나님을 창조주, 주님으로 인정해 드리는 십일조를 드립니다.

말 3:7~9 만군의 여호와가 이르노라 너희 열조의 날로부터 너희가 나의 규례를 떠나 지키지 아니하였도다 그런즉 내게로 돌아오라 그리하면 나도 너희에게로 돌아가리라 하였더니 너희가 이르기를 우리가 어떻게 하여야 돌아가리이까 하도다. 사람이 어찌 하나님의 것을 도적질하겠느냐 그러나 너희는 나의 것을 도적질하고도 말하기를 우리가 어떻게 주의 것을 도적질하였나이까 하도다 이는 곧 십일조와 헌물이라.

너희 곧 온 나라가 나의 것을 도적질하였으므로 너희가 저주를 받았느니라.

성도는, 하나님 앞에 십일조와 감사헌금을 예물로 드려서 하나님을 왕으로 인정해 드리며 교회를 세우고, 교회는, 땅 끝까지 복음을 전하라는 선교사명을 수종 드는 것입니다. 이것은 주님의 방법입니다.

십일조는 성도의 의무금입니다(총회헌법). 하나님의 것입니다.
모든 성도가 하나님의 것인 온전한 십일조만 드려도 교회는 재정이 어렵지 않습니다. 주일헌금(기본 운영비), 감사헌금(죄사함, 생명, 천국, 범사에 감사), 십일조(하나님의 것)

하나님을 인정해드리고, 높여드리는 예배에, 성공하시기 바랍니다. 그래서 예배에 나온 것으로 만족하는 것이 아니라/ 하나님을 왕으로 인정해 드리는 마음과 하나님을 높여드리는 행위가 있어야 합니다.
요 4:23 아버지께 참으로 예배하는 자들은 신령과 진정으로 예배할 때가 오나니 곧 이 때라 아버지께서는 이렇게 자기에게 예배하는 자들을 찾으시느니라.
성전에서 예배의 성공은 인생의 성공입니다. 예배를 실패하면, 신앙생활에 문제가 생기고 예배를 실패하는 사람은, 문제를 만든다. 결국 이스라엘백성을 성공하게 하기 위해서 제사장이 존재하는 것입니다.
하나님께서는 성전에서 봉사하는 제사장 지파을 위해서, 이스라엘백성이 가져온 제물 중에서 제물의 불사르지 않는 부분과, 12지파가 하나님께 드리는 십일조를 생활비로 주셨습니다. 결국, 12지파는 10/9를 갖고 생활한다면, 제사장 지파는 12를 갖고 사는 것입니다.
주님은, 이 시대에도 목회자를 부르시고 주님의 사역자로 사용하십니다. 목회자는 특별히 예배와 말씀을 통하여 성도들로 하나님과 바른 관계를 맺게 하는 사람입니다.
주님은, 목회자의 생활비에 대해서 이렇게 말씀하십니다.

:13,14 성전의 일을 하는 이들은 성전에서 나는 것을 먹으며 제단에서 섬기는 이들은 제단과 함께 나누는 것을 너희가 알지 못하느냐. 이

와 같이 주께서도 복음 전하는 자들이 복음으로 말미암아 살리라 명하셨느니라.

구약의 제사장과 신약의 목사는 분명히 다르지요. 그러나 하는 일과 생활함에 있어서는 일관된 뜻, 일관된 견해로 말씀하고 계십니다.

하나님께서는 목사를 말씀의 사역자로 세우시고, 생활을 책임져 주시는 것이지요. 목사는, 하나님의 종이기 때문에 자기 말을 하지 않고, 하나님의 말씀을 전하는 사람입니다.

성도는 하나님께 감사하고 목사는, 하나님의 것을 생활비로 받는 것이지요. 이것을 오해해서, 교회가 목사에게, 월급 준다고 생각하면 안 됩니다.

:4~7 우리가 먹고 마시는 권이 없겠느냐. 우리가 다른 사도들과 주의 형제들과 게바와 같이 자매 된 아내를 데리고 다닐 권이 없겠느냐. 어찌 나와 바나바만 일하지 아니할 권이 없겠느냐. 누가 자비량하고 병정을 다니겠느냐 누가 포도를 심고 그 실과를 먹지 않겠느냐 누가 양 떼를 기르고 그 양 떼의 젖을 먹지 않겠느냐.

:11 우리가 너희에게 신령한 것을 뿌렸은즉 너희 육신의 것을 거두기로 과하다 하겠느냐.

목사는 성도에게 영의 양식인 말씀으로 섬기고 성도는 육의 양식으로 목사를 섬겨야 합니다. 자유롭게 사용할 수 있는 용돈도 드리십시오. 빈손으로 심방할 수 없지요.

목사가 굶고 살지는 않겠지만 먹고 사는가 굶고 사는가, 관심을 가져야 합니다. 성도가 성미를 왜 드립니까? (교회에 싸놓으려고 하는 것은 아니지요?)

겔 44:30 또 각종 처음 익은 열매와 너희 모든 예물 중에 각종 거제 제물을 다 제사장에게 돌리고 너희가 또 첫 밀가루를 제사장에게 주어 그들에게 네 집에 복이 내리도록 하게 하라.

(성미를 드리며 "우리 가정에 복 빌어 주세요") (먹고⇒ 하나님께 기도)

(목사에게 성미를 주면, 먹고 복을 비는 것이지요. 그럼 성미를 주지 않으면, ~~~)

:12 다른 이들도 너희에게 이런 권리를 가졌거든 하물며 우리일까 보냐 그러나 우리가 이 권리를 쓰지 아니하고 범사에 참는 것은 그리스도의 복음에 아무 장애가 없게 하려 함이로다.

"너희가 시험에 들까봐서, 내놓으라고 하지 않겠다."

교회가 바울의 생활비를 감당하려고 하지 않을 때, 바울은, 장막 만드는 일을 했습니다. 그래서 목회자가 다른 부업을 가지는 것은, 죄가 아니라고 생각합니다. 그러나 그렇게 되면 목회자가 성도의 영의 양식을 준비하는데, 부족함이 있겠고,(그나마 못하고 있는데)

그렇게 되면, 목사와 성도, 우리 모두가 피해자가 되고 마는 것입니다.

:11 우리가 너희에게 신령한 것을 뿌렸은즉 너희 육신의 것을 거두기로 과하다 하겠느냐.

목회자의 생활비에 대해서 성경 말씀만 전했습니다. 이 시간 말씀을 은혜로 받을 분은, 받으십시오. 그러나 바울사도가 염려하는 것처럼 이 시간 말씀에 시험에 들사람은 받지 마십시오.

은혜 받은 성도가 물질로 목회자의 생활을 감당하는 것은 하나님의 방법입니다. 이스라엘 백성들은, 첫 열매와 감사예물과 십일조를 드림으로 제사장의 생활을 감당했습니다. 이처럼 신약의 교회와 성도가 내 물질로 목회자의 생활을 감당해야 하는 것은, 하나님의 정하신 방법입니다.
내 물질로 목회자의 생활을 감당해야 하는 것은, 하나님의 정하신 방법입니다.
기도하며 성령이 주신 지혜와 재능으로 수고하여 일하십시오.
그리고 부자 되십시오. 그 재물로 복음 선교에 마음껏 사용하십시오.
주님 앞에 섰을 때, 잘했다 칭찬과 영광의 면류관의 상급을 받으시기 바랍니다.

교회를 위해, 복음을 위해 감사예물과 십일조를 드릴 수 있는 은혜와 믿음 주세요. 목회자가 말씀과 기도에 힘쓰도록 목회자의 생활에도 관심을 가지게 해 주세요.(행 6:4)

19 너희도 얻도록

고전 9:24,25

고린도교회는, AD 50년에, 바울의 전도로 시작된 교회입니다.
그 후에 여러 목회자가 있었지요. 고린도전서는, AD55년경에 기록된 말씀입니다. 교회에 많은 죄가 있음에도, 아무도 문제 삼지 않았습니다. 교회에서도 세상과 똑같은 죄 가운데 있으면서, 교회 다닌다는 것으로 믿고 있다고, 구원받았다고, 천국 갈 것이라고 생각하고 있습니다.
그러나 6장에서는 분명히, 하나님의 나라를 유업으로 받지 못한다고 말씀하고 계십니다. 그런 분이 계시다면, 천국가지 못한다는 것을 확실히 알고 회개해야 합니다. 죄를 싫어하시는 하나님께서는 보시고 반드시 말씀하십니다.
고린도교회의 여러 가지 죄를 책망하시고 이제 이렇게 말씀하십니다.

:24 운동장에서 달음질하는 자들이 다 달릴지라도 오직 상을 받는 사람은 한 사람인 줄을 너희가 알지 못하느냐 너희도 상을 받도록 이와 같이 달음질하라.
바울은 언제나 영혼구원과 천국의 상에 관심을 갖고 있습니다.

오늘, 우리의 관심은 무엇입니까? 영혼구원입니까? 육신의 즐거움입니까? 천국의 상에 관심이 있습니까? 이 땅의 상에 관심이 있습니까? 혹시, 천국은 나중일이니 어떻게 되든 그것은 상관없고, 이 땅에서 많이 받았으면 좋겠다고, 생각하고 있지는 않습니까?

세상 영광과 육신의 만족에만 관심이 있는 사람은, 예수님을 믿는 사람이 아닙니다. 예수님을 믿는 사람은 영원히 행복한 천국에 관심이 있는 사람입니다. 예수님은, 죄 사함 받고, 천국 가기 위해서 믿는 것입니다.
할렐루야!
성도가, 천국가기 위해서 예수님을 믿는다고 할 때, 그럼, 천국에서 상받기 위해서 무슨 일을 하고 계십니까?

당시에, 그리스 아테네 지역에서는 올림픽 경기가 있었습니다.(이스미안 경기, 올림피안 경기, 피티안 경기, 네미안 경기: 네 운동경기)
올림픽 경기 중에, 최고는 마라톤이었습니다.
이 경기에 우승하는 한 사람은, 최고의 명예로 월계관을 받게 됩니다.(풀잎)
우승자가 월계관을 쓰고 고향에 돌아오면 우승자가 배출된 도시도 함께 영광을 누렸습니다. 성대한 개선식, 4두마차를 타고 돌아옵니다.(위해서 성벽을 허물기도 했다)
우승자는 인간이 아니라, 신처럼 높임 받았다.
(아테네는 귀빈관에서 평생 무료 식사가 제공됐고, 도시의 귀족과 같은 반열로 대우했고, 우승자에게는 500드라크마의 포상금(1드라크마는 양 한 마리의 가치), 단숨에 부유층. 평생 면세혜택. 스파르타에서는 전쟁 때, 왕의 곁에서 싸울 수 있는 특권., 로마 시민권과 명예 평의회 의원직과 또한 공직이 주어지기도 했다)
또 식민지에, 장군이나 지휘관으로도 임명되기도 했다.(처음에는 상류층의 경기가, 나중에는 외국인은 물론 하류계급에게까지 개방되었다)

이런 영광이 준비되어 있기 때문에, 운동선수들은, 올림픽 경기에서 금메달을 따기 위해서 수고하고, 애쓰며, 땀을 흘립니다. 상 받기 위해서 모든 일에 절제하고, 인내합니다. 놀고 싶다고 놀지 않습니다. 먹고 싶다고 다 먹지 않습니다. 하고 싶다고 다하지 않습니다. 다른 일에 한눈팔지 않고, 금메달을 위한 일만, 열~심히 합니다.
우승하면, 다 가질 수 있습니다. 그때까지 절제하며, 인내합니다.
그러나 목표가 없는 사람은 놀고, 먹고, 마시고/ 허랑방탕할 것입니다.

운동선수가 영광의 월계관을 얻는 것처럼, 성도들도 영광의 면류관을 얻기 위해 신앙생활 해야 한다고 말씀하시는 것입니다. 세상의 월계관은 썩고 없어집니다. 그러나 천국의 면류관은 영원합니다. 세상의 영광은 잠깐입니다. 그러나 천국의 영광은, 더 크고, 빛나고, 영원합니다.
그래서 성도는 놀고 싶고, 먹고 싶고, 즐기고 싶다고, 다 누리지 않습니다. 갖고 싶고, 쓰고 싶다고 다 누리지 않습니다. 말하고 싶다고, 다 말하지 않고 교만하고 싶다고, 다 교만하지 않고, 불평불만을, 다 말하지 않습니다. 죄를 멀리하고, 악한 자와 짝하지 않고 거룩하고 성결하게 살아갑니다. 천국의 면류관을 목표로 달려가야 합니다. 영혼구원을 위해 절제하며 인내합니다. 자기를 부인하며, 자기 십자가를 지며말없이 헌신하고 희생하고 충성합니다. 내 영혼의 부요를 위해/ 땀을 흘리며 수고하고 애씁니다. 할렐루야!

:26 그러므로 나는 달음질하기를 향방 없는 것 같이 아니하고 싸우기를 허공을 치는 것 같이 아니하며,
육신의 일은 주님께서 주신 재능과 은사를 따라 기도하며, 착하게 성실히 열심히 사십시오. 주님께서 지혜를 주시는 대로, 인도하시는 대로 다스리며 정복해 가십시오. 다스림의 지경이 넓혀져 갈 것입니다.

그러나 성도로서 목표가 있습니다.
천국이 목표입니다. 천국의 칭찬과 상급이 우리의 목표입니다.
예수님을 주님으로 모시고 주의 나라와 의를 위해 달려가야 합니다.
내 생각대로 이러면 되겠지 하는 것이 아니라 말씀을 따라 교회생활을 만들어 갑니다. 세상과 육신과 마귀를 대적하며 영적생활을 승리로 만들어 갑니다.
잠을 덜 자면서 기도하고, 텔레비전을 좀 덜 보면서 성경 읽고,
술을 끊고 성령 충만하고, 용돈을 아껴 선교헌금하고,
자기 자랑은 그만하고 예수님 자랑, 복음 전도하는 것입니다.

:27 내가 남에게 전파한 후에 자기가 도리어 버림을 당할까 두려워함이로다.(= 10:1~)

버림/ 불합격자/ 무게가 덜 나가는 불량주화를 가려낸다는 말이다.
신앙생활을 한다고, 교회는 나왔는데, 세상과 육신이 목표가 된 생활을 하면 안 됩니다. 이것은 불량주화가 되는 것입니다. 함량미달이 되면 사용할 수 없습니다. 유통될 수 없습니다. 제외되는 것입니다.
남을 위해서 신앙생활 해주는 것이 아닙니다. 헛된 욕심 부리지 마십시오. 내 고집. 내 체면. 내 자존심 세우지 마십시오.
천국에 갈 줄 알았는데 제외된다면 크나큰 낭패입니다.

천국에 들어간다면, 그것만으로도 다행이지요.(다윗과 솔로몬의 차이/ 하나님께 충성하고 천국에 간 영광스런 다윗과 타락하고 회개하여 겨우 천국에 간 솔로몬의 부끄러운 모습)
그러나 들어가지 못한다면, 지옥입니다.(불법을 행하는 자들아 나를 떠나라. 한 달란트 받은 종)

영혼과 관계없고, 천국에 관계없는 것은 절제하십시오. 주의 나라와 의를 위해서, 땀 흘리며 수고하는데, 우리의 시간과 건강 재물 재능을 사용하시기 바랍니다.

천국은 세상과 비교가 안 되게 더 영원하고, 더 영광스러운 나라입니다. 우리는 각자 천국가기 위해서 달려가야 합니다. 천국의 칭찬과 상급을 위해서 육신을 인내하며, 절제해야 합니다.
주의 나라와 그 의를 위해서는, 아낌없이 사용하십시오.
주님 앞에 갔을 때, 주님께서 영원한 축복으로, 영원한 상급으로 갚아주실 것입니다.

20 우리의 본보기①

고전 10:5~7

고전 9:26,27 그러므로 나는 달음질하기를 향방 없는 것 같이 아니하고 싸우기를 허공을 치는 것 같이 아니하며, 내가 내 몸을 쳐 복종하게 함은 내가 남에게 전파한 후에 자신이 도리어 버림을 당할까 두려워함이로다.

내가 달음질하기를 향방 없는 것같이 아니하고 싸우기를 허공을 치는 것 같이 아니하여,

– 내가 내 몸을 쳐 복종하게 하는 이유가 있다. 신앙생활에 정신을 바짝 차려야 할 이유가 있다. 왜 그렇게 하는지 그것을 너희가 알기를 원한다.

이스라엘 자손들이 애굽에서, 어린양의 피로 구원받았고, 홍해에서 세례를 받았고, 광야에서 신령한 음식을 먹고, 반석에서 나오는 신령한 음료를 마셨는데, 이 모든 것은, 상징으로 그리스도 곧, 예수님이라고 말씀하십니다. 그래서 사도행전 7:38의 말씀을 보면 광야에 있던 이스라엘 백성을 말하기를 광야교회라고 합니다.

성도가 하나님의 사랑받고 천국에 이르기를 원한다면, 죄악을 멀리하고, 말씀을 따라 절제하며, 거룩하고, 정직하고, 진실하며, 희생하며, 인내하며, 세상의 빛과 소금이 되며, 예수님을 닮아가는 신앙생활을 해야 할 것입니다.

성경의 사건은, 우리를 위한 본보기, 모델입니다.(:6,11) 성경은, 우리 신앙생활의 거울과 같습니다.(유:7) 그러므로, 성경말씀을 통하여서 우리의 모습을 돌아보며 새롭게 해야 합니다.
성경을 읽지 않고, 말씀을 듣지 않으면 자기를 돌아볼 수 없습니다.
자기의 잘 못을 고칠 수 없습니다. 하나님앞에 아름다운 신앙생활을 할 수 없습니다. 천국의 칭찬과 상급을 받을 수 없습니다. 이것을 미리 알기 원한다는 것입니다.
성경 말씀은 우리 신앙생활의 본보기로 말세의 경계로 주고 계십니다.

:5,6 그러나 그들의 다수를 하나님이 기뻐하지 아니하셨으므로 그들이 광야에서 멸망을 받았느니라. 이러한 일은 우리들의 본보기가 되어 우리로 하여금 그들이 악을 즐겨한 것 같이 즐겨하는 자가 되지 않게 하려 함이니. 라고 말씀하십니다.

– 조상들이 애굽에서 어린양의 피로 구원받고 구름과 바다에서 세례받고, 그리스도로 주어지는 신령한 음식과 신령한 음료를 마셨습니다. 그럼에도 불구하고 다수가 멸망 받았습니다.

광야교회에 있었던 일로 신약교회의 성도에게 경계하고 있습니다.
(죄를 회개치 않고 세상과 육신을 따라 사는 자. 교회의 원망 불평 주동자. 선동자)
구약 광야교회의 사건은 그 때로 끝나는 이야기가 아닙니다.
세상에 사람이 살고 있는 동안에는 언제든지, 얼마든지 일어날 사건입니다. 이런 일로 망하게 될 수 있으니 조심하라고 말씀하십니다.
하나님께서는 이런 일을 싫어하시고, 미워하십니다.

구원 이후에 우상숭배하지 말라. 간음하지 말라. 주님을 시험하지 말라. 원망하지 말라.
우상숭배하지 말라. 출32: 금송아지 사건, 3천명이 죽음
간음하지 말라. 민25: 모압 왕 발람의 바알 브올의 사건/ ?+ 2만 4천명이 염병에 죽음 주님을 시험하지 말라(말)
민21: 광야에서 음식으로 인해 불평한 사건/ 불, 뱀에 물려 죽음 원망하지 말라(불만, 불평의 말)
민14: 가데스 바네아의 원망사건/(민16 직분 때문에 원망한 고라당의 사건 250명 (목회자를 대적함) 1만4천7백명
60만 중, 총≑ 41950+?, 원망불평의 주동자. 반역의 선동자.

우상숭배-하나님의 형상으로 지음 받은 인간이 하나님이 아닌 것을 하나님처럼 숭배하는 것입니다.
간음-하나님의 창조 질서, 하나님의 거룩을 깨뜨리는 것입니다.
주님을 시험-하나님이 왕이심을 인정하지 못하는 것입니다.
원망-주님의 십자가의 은혜를 잊어버린, 교만한 마음에서 나오는 말입니다.

이런 일은 섰다고 생각하는 성도에게 육체 가운데 찾아오는 시험입니다.(10:12) 신앙생활 오래했다고, 직분자라고 절제하지 못하고, 인내하지 못하면 넘어지게 됩니다.
무엇을 안다고, 믿음 있다고, 자유 한다고 생각하는 성도가 넘어지는 사건입니다. 이런 일은 주님 앞에서 교만함으로 찾아오는 시험입니다.
교회에서 열심이 있고, 봉사하며, 신앙이 좋다고 칭찬받는 사람들에게, 직분자들에게, 찾아오는 시험입니다. 항상 말을 조심하고, 행동 조심하

십시오. 누가 천국을 주는 가 잊지 말아야 합니다.
그러므로 우리는 이렇게 기도하지요. '우리를 시험에 들게 하지 마옵시고, 악한 자에게서 구원하여 주옵소서.'
육체의 유혹/ 욕심, 체면, 고집, 자존심, 근심, 걱정에 들게 하지 마시고., 악한 자, 마귀의 시험에 빠지지 않게 나를 지켜 주십시오.
주님께서 가르쳐주신, 주기도문은 주문이 아닙니다.
간절한 기도가 되어야하고 생활이 되어야 합니다. 신앙생활의 목표를 열심에 두지 마시고 하나님을 기쁘시게 해드리는 데 두어야 합니다.

우리가 말씀으로 살려고만 하면, 하나님께서는 피하고 감당할 힘을 주실 것입니다. 그러나 세상과 육체와 타협하고 양보하려고 하면, 우리는 당장에 실패하고 넘어질 수밖에 없습니다.
그리고, 자기가 완성되었다는 착각으로, 교만하게 되고 하나님 된 것처럼, 남을 정죄하게 됩니다. 성경을 판단하고/ 목사를 비방하고/ 성도를 정죄하게 됩니다.
성도는 자기가 완성된 완성품인 것처럼 생각하지 말아야 합니다. 하나님은 교만을 싫어하십니다. 교만하면, 망하게 됩니다.
우리는 육체가 있는 동안, 평생 만들어져 갈 뿐입니다.
말씀 앞에 자기를 돌아보며 말씀대로 살아갈 힘을 주세요. 기도하십시오. 성령님께서 붙들어 주십니다. 성도의 소망은 성령님 밖에 없습니다.

21 우리의 본보기②-우상의 제물

고전 10:18~22

세상 풍속은, 마귀를 섬기는 것입니다. 우리 민족에게 추석은, 한해의 축복을 우상에게 돌리고, 귀신에게 돌리는 추수감사절입니다. 추석은, 마귀가 하나님의 영광을 가로채는 날입니다. 우리나라 수많은 영혼을 사냥하는 날, 제 종이 되게 하고, 지옥으로 끌고 가는 날이지요.

엡 2:2 그 때에 너희는 그 가운데서 행하여 이 세상 풍조를 따르고 공중의 권세 잡은 자를 따랐으니 곧 지금 불순종의 아들들 가운데서 역사하는 영이라.

사람이 먹고 마시는 모든 것은 다 하나님께서 주신 것입니다.

하나님께서 주신 놀라운 축복을 생명 없는 우상이 준 것이라고 할 때, 하나님께서 화가 나신다. 하나님께서 주신 놀라운 축복을 사람에게 해만 끼치는 귀신이 준 것이라고 할 때, 하나님께서 화가 나신다.

우상숭배, 세상풍속은 마귀를 따르는 일입니다.

마귀를 따르는 것은, 영원한 지옥에 이르는 죄입니다.

우리 구주 예수님께서는, 영원한 지옥의 형벌에서 우리를 살리시려고 우리 죄를 대신 지시고, 십자가에 피 흘려 죽으셨습니다.

예수님의 십자가의 보혈을 자기 것으로 갖기 바랍니다.

마귀는 온 천하를 꾀는 자입니다. 우상숭배는, 마귀에게 속아서 마귀에게 종노릇하는 일입니다. 우상숭배로 말미암아, 광야교회 3천명이 죽었고, 가나안 땅에서 추방되어 70년 바벨론에 종살이 했으며, 천국에 들어가지 못하는 죄라고 말씀하고 계십니다.

우상숭배에 빠질 수 없는 것이, 우상의 제물이지요.
어떤 분은, 고전8장 말씀을 오해해서 우상도, 우상의 제물도 다 괜찮다고 합니다. 그러나 성경은, 말씀하십니다.
시 106:28,29 그들이 또 브올의 바알과 연합하여 죽은 자에게 제사한 음식을 먹어서, 그 행위로 주를 격노하게 함으로써 재앙이 그들 중에 크게 유행하였도다.
고전 10:18~20,22 육신을 따라 난 이스라엘을 보라 제물을 먹는 자들이 제단에 참여하는 자들이 아니냐. 그런즉 내가 무엇을 말하느냐 우상의 제물은 무엇이며 우상은 무엇이냐. 무릇 이방인이 제사하는 것은 귀신에게 하는 것이요 하나님께 제사하는 것이 아니니 나는 너희가 귀신과 교제하는 자가 되기를 원하지 아니하노라. 그러면 우리가 주를 노여워하시게 하겠느냐 우리가 주보다 강한 자냐.

제물을 먹는 것은 그 제사에 동참하는 것과 같은 죄가 된다는 것입니다. 그러므로 성도는 명절이라고 해서, 우상의 제사에 동참하지도 말고, 우상의 제물을 만들지도 말고 우상의 제물을 먹지도 마시기 바랍니다.(우상을 무시할 수 있는 하나님의 자녀가 된 것을 축하드립니다.)
어떤 사람은 가정이 평안하기 위해서 우상 숭배를 하고, 우상의 제물을 만든다고 합니다.
떡과 음식을 만드는데: 열십자를 그리고 만들면 된다고 합니다. 기도하고 만들면 된다고 합니다. 오히려 이런 일이, 미신입니다.
주님이 이렇게 싫어하시는 일을, 기도하고 하면 되나요? 기도하고 도둑질하고 기도하고 거짓말하면 되나요? 안 됩니다.

주님께서 말씀하십니다.

마 10:37~39 아버지나 어머니를 나보다 더 사랑하는 자는 내게 합당하지 아니하고 아들이나 딸을 나보다 더 사랑하는 자도 내게 합당하지 아니하며, 또 자기 십자가를 지고 나를 따르지 않는 자도 내게 합당하지 아니하니라. 자기 목숨을 얻는 자는 잃을 것이요 나를 위하여 자기 목숨을 잃는 자는 얻으리라.

우리의 신앙생활은 복 받으려고 하는 것입니다. 영생을 얻으려고 하는 것입니다. 예수님의 피로 죄 사함 받고, 천국 가려고 하는 것입니다.

신앙생활을 한다고, 열심히 하고, 영생에 이르지 못한다면, 너무나 불행한 것입니다. 영생을 우상숭배에 빼앗기지 마시기 바랍니다. 영생을 우상숭배와 바꾸지 마시기 바랍니다.

갈 5:19~21 육체의 일은 분명하니, 우상 숭배와 주술과, 전에 너희에게 경계한 것 같이 경계하노니 이런 일을 하는 자들은 하나님의 나라를 유업으로 받지 못할 것이요.

우상숭배는, 육체의 일이요, 욕심입니다. 또한 천국에 가지 못합니다.

제사와 우상숭배는 조상을 섬기는 것이 아닙니다. 귀신을 섬기는 것입니다. 산 부모는 맘대로 해보고, 죽으면 귀신이 돼서 해꼬지 한다고 달래서, 복 받으려는 욕심입니다.

주님 말씀 눅16:19~31 부자와 거지 나사로 사람이 한번 죽으면 다시 오지 않습니다.

영혼이 진짜 나입니다(시130:5 나 곧 내 영혼은 여호와를 기다리며 나는 주의 말씀을 바라는도다)

보통 사람이 죽는다는 말은, 육신의 생명이 끝났다는 말입니다. 그러나 영혼은 죽지 않습니다. 육신이 죽으면 영혼은, 천국 아니면 지옥입니다.

장례식장의 조문은, 죽은 사람을 위로하러 가는 것이 아니라, 자녀를 위문하는 것입니다. 그 사람의 시신도, 영혼도 없습니다. 그래서 사진 앞에서 기도하는 것이나 절하는 것은 아무런 의미가 없습니다. 왜 사진을 보고 절하고 기도합니까? 거기에는 아무것도 없습니다. 우상숭배입니다. 기도하는 집이라고 말씀하신, 교회에 와서 기도하십시오.
믿음 없고, 천국에 소망이 없는 이방인이 하는 것입니다.
이미 그 영혼은, 천국이나 지옥에 갔습니다. 상주를 조문, 위문하고 오는 것이 되어야 합니다. 장례식장에서 장례예식이지, 장례예배가 아닙니다. 장례예배로, 죽은 사람을 위해서, 좋은 곳에 가시라고 불공드리는 것이 아닙니다.

기독교에는 본래 발인예배, 입관예배.. 이런 것이 없습니다. 장례식장이 이방인들의 장례식보다 쓸쓸한 듯, 서운한 듯하다고, 사람이 만든 것이다. 이방인들이 하는 순서에 맞춰 우리는 예배를 하자, 그렇게 한다고 하나님께서 기뻐하시는가?
예배는 오직 하나님의 영광을 위한 것이어야 한다. 이방인들이 하는 순서에 꿰맞추는 예배는 전혀 가치가 없고, 하나님이 받지 않으시는 것이다. 서운하고 쓸쓸한 것이 아닙니다. 믿음에서 보면, 헛된 일이요. 우상숭배입니다.

목사가 인정머리도 없다고 말하는 사람이 있을 것이고, 어! 그러네. 제사가 필요 없구나! 하는 사람도 있을 것입니다.

제사 때문에 목사와 원수 맺지 말고, 죽기 전에 전도하십시오. 전도를 안 하는 그 사람이 정말, 인정머리 없는 사람입니다. 나쁜 사람입니다. 육신이 죽기 전에, 지옥 가기 전에, 예수 믿고 죄 사함을 받아야 합니다. 전도해서 예수님 믿게 하고, 찬양소리가 나는, 장례식장을 만드시기 바랍니다.
제사와 우상숭배는, 세상을 성공해 보겠다는 욕심입니다. 세상의 영광을 얻어 보겠다는 욕심입니다. 세상을 더 많이 가져 보겠다는 욕심입니다. 그러나 그 마지막은 사망입니다. 하나님나라를 유업으로 받지 못한다고 말씀하십니다.

우상숭배와 제사는, 귀신을 초청하는 것입니다. 귀신은 재앙을 갖고 찾아옵니다. 또한, 죽은 사람을 생각하여 모이는 추도예배는 우상 숭배입니다. 그러므로 우상숭배와 제사를 금하십시오. 하나님나라를 유업으로 받지 못합니다.
하나님만 사랑하십시오.(마음, 목숨, 뜻, 힘을 다하여. 막12:29~31)
장례식, 절하지 말고, 기도하지도 말고, 상주에게 인사로 조문하십시오.

우상숭배의 죄가 있습니까? 예수님의 피를 의지해서 철저히 회개하시기 바랍니다. 회개는 생명이요, 축복입니다. 회개할 때, 구원이 있습니다. 회개할 때, 긍휼이 있습니다.
하나님만이 우리를 사랑하십니다. 하나님께만 복이 있습니다. 하나님만이 우리를 축복하실 수 있습니다. 하나님께서는 하나님을 사랑하는 성도에게 천대까지 복 주시려고 준비하고 계십니다.
성도는 예수님의 십자가의 보혈로 죄 사함을 받는 하나님의 자녀입니다.

:31 그런즉 너희가 먹든지 마시든지 무엇을 하든지 다 하나님의 영광을 위하여 하라.

복 주시는 하나님만 사랑하시기 바랍니다. 복 주시는 하나님만 섬기시기 바랍니다. 복 주시는 하나님 말씀만 따라가는 저와 여러분 되시기 바랍니다.

22 성찬예식

고전 11:26~32

:1~16 예수 피로 회복된 교회에서 하나님의 창조의 질서가 지켜져야 할 것을 말씀하십니다. 교회의 예배 가운데 지켜져야 할 질서가 있습니다. 그중에 하나는, 남자에게 긴 머리가 합당치 않고, 여자에게 머리를 미는 것도 합당치 않다는 것입니다.

하나님의 질서 가운데서, 남자는 세상에서 하나님의 영광이고, 여자는 남자의 영광을 드러냅니다.

:10 여자는 천사들로 말미암아 권세 아래 있는 표를 그 머리 위에 둘지니라.

예배 가운데 천사가 바라보고 있습니다. 천사가 보고 있음이 믿어지십니까? 그러므로, 창조의 질서 안에 돌아왔음을 보여 주기 위해서, 남자는 짧은 머리를 하고, 여자는 긴 머리를 하라고 말씀하십니다.

예수님 피로 죄 사함 받고, 하나님께 돌아왔으니, 창조질서를 지킨다는 표시입니다.

여자가 머리에 무엇을 쓰는 것과 긴 머리를 하는 것은, 권세 아래 있는 표를 그 머리에 두는 것입니다.(복종,순종,겸손) 그러므로, 여자의 긴 머리는 하나님 앞에 영광이 됩니다.

:16 논쟁하려는 생각을 가진 자가 있을지라도 우리에게나 하나님의 모든 교회에는 이런 관례가 없느니라.

이 시대의 문화요, 전통이요, 습관이요, 유행이라고 말하고 싶지만, 그러나 교회는, 하나님의 말씀으로 행하는 것을 믿으시기 바랍니다. 세상은, 많은 것에서 하나님의 질서를 깨뜨리지만, 교회에서는 그럴 수 없다는 말입니다. 하나님께서 인정하지 않으신다는 말입니다.
(하나님께 돌아왔으면, 하나님의 말씀을 따라가야 합니다)

:17~19 교회에서 파당과 분쟁이 있어서는 안 됩니다.
파당과 분쟁은, 육신의 욕심에서 나오는 것입니다.

:20~34 성찬예식
요 6:53~58 예수께서 이르시되 내가 진실로 진실로 너희에게 이르노니 인자의 살을 먹지 아니하고 인자의 피를 마시지 아니하면 너희 속에 생명이 없느니라. 내 살을 먹고 내 피를 마시는 자는 영생을 가졌고 마지막 날에 내가 그를 다시 살리리니, 내 살은 참된 양식이요 내 피는 참된 음료로다. 내 살을 먹고 내 피를 마시는 자는 내 안에 거하고 나도 그의 안에 거하나니, 살아 계신 아버지께서 나를 보내시매 내가 아버지로 말미암아 사는 것 같이 나를 먹는 그 사람도 나로 말미암아 살리라. 이것은 하늘에서 내려온 떡이니 조상들이 먹고도 죽은 그것과 같지 아니하여 이 떡을 먹는 자는 영원히 살리라.
성찬예식은, 우리가 예수님의 살과 피를 먹고 마시는 예식입니다. 지금 예수님의 생명과 연합하는 예식입니다. 그러므로 성찬예식은 꼭 참여해야 합니다.

:21 이는 먹을 때에 각각 자기의 만찬을 먼저 갖다 먹으므로 어떤 사람은 시장하고 어떤 사람은 취함이라.

그런데 어떤 사람은 예식을 행하기 전에, 먼저 떡을 가져다 배부르게 먹고, 술을 많이 마셔 취하는 수단으로 사용했다는 것입니다. 이것은, 잘 못된 믿음, 잘 못된 생각으로 예식을 준행하는 것입니다.
성찬예식은, 우리 죄를 대속하시고, 우리에게 영생을 주시는, 예수님의 살과 피를 먹고, 마시며, 예수님의 생명과 연합하는 예식입니다.
그래서 성찬예식을 귀하게 대해야 합니다.

:23~32 성찬예식은, ① 생명 주시기 위해서 십자가에 죽으신 예수님의 고난을 생각하는 예식입니다. ② 예수님과 연합하는 것이며, 예수님의 생명을 공급받는 예식입니다.
그래서 성찬예식은, 예수님께서 내 죄를 대신해서, 고난과 저주를 받으셨다는 확실한 믿음이 있는 성도가 참석하는 것입니다.
그러나 십자가의 피로 죄 사함을 받은 믿음이 없는 사람은, 참여할 수 없습니다–합당치 못하게 먹고 마시는 자, 죄인을 구원하신 그리스도의 고난에 대해 기억함과 감사함이 없이 참여하는 자. 믿지 않는 자, 회개치 않는 마음을 가진 자.

자기의 믿음을 분별하고 먹고 마셔야 합니다.
예수님을 구세주로 믿는 믿음이 없는 자는, 자기 죄를 먹고 마시는 것이다. 이러므로, 약한 자와 병든 자가 많고, 잠자는 자도 적지 않다.
믿음이 없는 사람은, 자기의 죄를 먹고 마시는 것이요. 이 일로 병든 사람도 생기고, 죽는 사람도 생긴다고 말씀합니다. 그러나 믿음의 사람은 죄 사함과 생명을 더 풍성히 공급받는 예식이기 때문에, 반드시, 꼭 참여해야 합니다. 거룩하게 거절하지 마십시오. 자신의 부족과 못남을 아는 성도는, 더 간절함으로 성찬에 참여해야 합니다.

성찬예식은 성령의 능력과 은혜로, 하나님의 자녀들에게 힘을 주어, 세상을 이기며, 죄를 대적하게 하며, 책임을 감당하게 하며, 천국의 소망을 확신케 하는 유익이 있습니다.
성찬에 참여함으로 주님의 생명과 연합하여 세상을 승리합시다.

23 신령한 일

고전 12:1~3

예수님의 보혈을 믿음으로 죄 사함 받은 성도에게 주신, 하나님의 선물이 있습니다. 바로 성령입니다. 성령님은 보혜사이십니다.
–보호자, 위로자, 지혜자, 변호자, 인도자.
성령님은, 예수님의 모든 것을 갖고 오셨습니다. 성도의 신앙생활은성령님으로 하는 것입니다. 성령님으로 나타나는 일은, 모든 것이 신령한 일입니다.
사람들의 모든 종교생활은, 영적인 사건입니다.

:1 형제들아 신령한 것에 대하여는 나는 너희가 알지 못하기를 원하지 아니하노니.
신령한 것, 신령한 일에 대한 첫 번째 것을 말씀해 주고 계십니다.
신령한 것, 신령한 사건 중, 첫 번째로 알 것은 이것입니다.

:2 너희도 알거니와 너희가 이방인으로 있을 때에 말 못하는 우상에게로 끄는 그대로 끌려갔느니라.
불신자들이 우상과 귀신에 끌려 사는 종교생활은 영적인 일입니다.
엡 2:1,2 그는 허물과 죄로 죽었던 너희를 살리셨도다. 그 때에 너희는 그 가운데서 행하여 이 세상 풍조를 따르고 공중의 권세 잡은 자를 따랐으니 곧 지금 불순종의 아들들 가운데서 역사하는 영이라.
모든 사람은, 영의 지배를 받고 살아갑니다.

예수님을 믿지 않는 사람들이 예수님을 안 믿는 것은, 안 믿는 것이 아니라, 오히려 못 믿는 것입니다. 어둠의 영에 붙잡혀 있고 영의 눈이 감겨져 있기 때문입니다.
우리도 믿지 않을 때는 똑같았습니다. 그러므로 성도가 불신자들이 하나님을 안 믿는다고 욕하고 저주할 것이 아닙니다. 먼저 믿는 성도가 해야 할 일은 기도하는 일과, 주의 사랑을 보여 주는 일입니다. 우리가 내 노력으로 예수님을 믿은 것이 아니라, 주님의 은혜와 능력으로 믿게 된 것처럼, 저들에게도 주님이 역사하셔야 합니다. 성령님이 저들의 영혼을 살려주셔야 합니다.

신령한 일의 두 번째는 이것입니다. 성령님께서 일하시는 사건입니다.
성도의 신앙생활에서 신령한 일은, 성령님께서 일하시는 것입니다.
성도의 신앙생활에서 성령님께서 일하시는 첫 번째는, 우리가 예수님을 믿는 것입니다. 성도의 신앙생활은 성령님께서 예수님의 보혈을 갖고 오셔서, 우리 영혼을 살려 놓으셨기 때문에 시작되는 것입니다.

:3 내가 너희에게 알리노니 하나님의 영으로 말하는 자는 누구든지 예수를 저주할 자라 하지 아니하고 또 성령으로 아니하고는 누구든지 예수를 주시라 할 수 없느니라.
롬 8:15,16 너희는 다시 무서워하는 종의 영을 받지 아니하고 양자의 영을 받았으므로 우리가 아빠 아버지라고 부르짖느니라. 성령이 친히 우리의 영과 더불어 우리가 하나님의 자녀인 것을 증언하시나니.
갈 4:6 너희가 아들이므로 하나님이 그 아들의 영을 우리 마음 가운데 보내사 아빠 아버지라 부르게 하셨느니라.
요 3:5 예수께서 대답하시되 진실로 진실로 네게 이르노니 사람이 물과

성령으로 나지 아니하면 하나님의 나라에 들어갈 수 없느니라.

내가 누구인가를 확인하는 것은 신앙생활에서 너무나 중요한 일입니다. 힘 있는 기쁨의 신앙생활과 무력한 종교생활 승리하는 신앙생활과 초라한 신앙생활의, 갈림길입니다.

하나님의 자녀의 확신, 구원의 확신은, 영적인 일의 시작입니다. 우리가 예수 믿는 하나님의 자녀가 된 것은, 주님이 먼저 십자가에 피 흘려 죽으셨고, 성령님께서 우리에게 찾아오셨고, 우리 영혼을 살려 놓으신 결과입니다. 할렐루야!

그러나 우리가 하나님의 자녀라는 이름이 당연한 듯 생각해서, 신앙생활에 방종하면 안 됩니다. 우리는 근본 불순종의 아들, 진노의 자녀입니다. 하나님의 자녀 된 감~사가 있기를 바랍니다. 구원의 은혜에 감사하는 성도되시기 바랍니다.

신령한 일, 영적인 사건의 세 번째는 은사입니다.

고린도전서 12장에서 은사에 대해서 말씀해 주십니다.

은사는 우리의 신앙생활에 유익하게 하려고 주시는, 주님의 선물입니다. 은사는 성령님께서 개인적으로 신앙생활을 승리하고, 교회적으로 주님의 교회를 세우라고 주신, 도구와 무기입니다. 그러므로, 우리는 자기에게 주신 은사를 확인하시고, 또 다른 은사를 사모해야 합니다.

:7~11 각 사람에게 성령을 나타내심은 유익하게 하려 하심이라. 어떤 사람에게는 성령으로 말미암아 지혜의 말씀을, 어떤 사람에게는 같은 성령을 따라 지식의 말씀을, 다른 사람에게는 같은 성령으로 믿음을, 어떤 사람에게는 한 성령으로 병 고치는 은사를, 어떤 사람에게는 능력 행함을, 어떤 사람에게는 예언함을, 어떤 사람에게는 영들 분별함

을, 다른 사람에게는 각종 방언 말함을, 어떤 사람에게는 방언들 통역 함을 주시나니, 이 모든 일은 같은 한 성령이 행하사 그의 뜻대로 각 사람에게 나누어 주시는 것이니라.

우리가 은사를 말할 때, 중요한 것이 있습니다. 그것은, 모든 은사는 성령님이 나누어주시는 것입니다. 그러므로, 어느 은사든지 소홀할 수도 없고, 무시할 수 없습니다. 은사를 소홀히 하든지, 무시하는 것은,

주님의 은혜와 사랑을 소홀히 하며, 무시하는 것과 같습니다.

성령으로 살지 않는 것은, 죄입니다.(갈5:16,17)

성령님은 성도를 붙들고, 천국까지 인도하시는 하나님이십니다.

예수님은 성도를 성령님께 부탁하셨습니다.

성령님께 깨어있으십시오. 성령충만을 받으십시오.

성령 충만= 성령님께 전적의탁 // 성령소멸= 내가 주인 되려는 것.

성령의 은사를 무시하거나 비방하거나 모독하면 안 됩니다. 성령을 훼방하는 죄입니다. 성령을 훼방하는 죄는 사하심이 없다고 말씀하셨습니다.

성령 충만과 성령의 은사로 영, 육간에 승리자 되게 해 주세요.

24 제일 좋은 길-은사를 사용하는 방법

고전 12:28~31

:1 형제들아 신령한 것에 대하여는 나는 너희가 알지 못하기를 원하지 아니하노니.

신령한 일에 세 가지가 있습니다.

신령한 것, 신령한 일 중/ 첫 번째는 이것입니다.

:2 너희도 알거니와 너희가 이방인으로 있을 때에 말 못하는 우상에게로 끄는 그대로 끌려갔느니라.

불신자들이 우상숭배하며, 귀신에 끌려 사는 것은 영적인 일입니다.

모든 사람은 죄로 말미암아 마귀에 붙들려 지옥형벌에 들어갑니다.

신령한 일의 두 번째는 예수님을 영접하고 구주로 고백하는 것입니다.

:3 내가 너희에게 알리노니 하나님의 영으로 말하는 자는 누구든지 예수를 저주할 자라 하지 아니하고 또 성령으로 아니하고는 누구든지 예수를 주시라 할 수 없느니라.

예수님을 믿고 있는 것은, 하나님 앞에 특별한 사랑을 받고 있다는 말입니다.

신령한 일의 세 번째는 은사입니다.

:7,8 각 사람에게 성령을 나타내심은 유익하게 하려 하심이라. 어떤 사람에게는 성령으로 말미암아 지혜의 말씀을, 어떤 사람에게는 같은

성령을 따라 지식의 말씀을.

은사는 각자 각자 영적생활에 승리하고 성장하라고 주신 주님의 선물입니다. 자기를 자랑하라고 주신 것이 아닙니다. 주님의 몸인 교회를 세우라고 주신 도구와 무기입니다. 그러므로 우리는 자기에게 주신 은사를 확인하시고, 또 다른 은사도 사모해야 합니다.

주님께서 교회를 세우기 위한 은사가 여러 가지 있습니다.

롬 12:6~8 예언하는 일. 섬기는 일. 가르치는 일. 권위 하는 일. 구제하는 일. 다스리는 자. 긍휼을 베푸는 일.

:8~10 지혜의 말씀. 지식의 말씀. 믿음. 병 고치는 은사. 능력 행함. 예언함. 영들 분별함. 각종 방언 말함. 방언들 통역함.

모든 은사는 교회를 세우기 위해 주신 주님의 선물입니다. 도구요. 무기입니다.

또한, 은사는 우리 몸에 여러 지체가 있는 것과 같습니다. 눈, 코, 입, 손, 발.....

:12 몸은 하나인데 많은 지체가 있고 몸의 지체가 많으나 한 몸임과 같이 그리스도도 그러 하니라.

:18 그러나 이제 하나님이 그 원하시는 대로 지체를 각각 몸에 두셨으니,

:25~27 몸 가운데서 분쟁이 없고 오직 여러 지체가 서로 같이 돌보게 하셨느니라. 만일 한 지체가 고통을 받으면 모든 지체가 함께 고통

을 받고 한 지체가 영광을 얻으면 모든 지체가 함께 즐거워하느니라. 너희는 그리스도의 몸이요 지체의 각 부분이라.

우리의 몸은 각각의 지체가 모여서, 한 몸을 이루게 됩니다. 몸의 지체는 각각 제 기능을 감당하고, 충성함으로 몸을 세우게 됩니다.
–목사는: 내 양을 치라, 영혼을 위해 일 한다.(엡4:11, 히13:17)
–0성도는: 그 말씀으로 생명 얻고, 순종으로 교회를 세우게 됩니다.(엡4:12,13)

모든 성도에게, 주님이 주신 은사가 있습니다. 그것을 발견하시고, 확인하시고 사용하시기 바랍니다. 각자 자기 영혼의 유익을 위한 은사와 교회를 위한 은사가 있습니다. 방언이 자기만을 위한 은사라면, 다른 은사들은, 교회를 위한, 전체를 위한 은사입니다.
우리의 몸의 한 부분이 제 기능을 발휘하지 못하면 몸 전체가 제 기능을 발휘하지 못합니다. 이와 같이 성도 각자 각자가 주님이 주신 은사나 직분을 활용하지 못하므로, 교회가 제 기능을 발휘하지 못하게 됩니다. 모든 성도는 자기에게 주신 은사를 발견하고 사용해야 합니다. 또 은사와 직분을 잘 못 사용하므로 교회 아프고 힘들게 됩니다.

:28~31절은 은사를 사용하는 질서와 활용 방법입니다.

:28 첫째는 사도요 둘째는 선지자요 셋째는 교사요. (말씀의 직분)
(지식,지혜= 하나님의 말씀에 대한 지식과 적용= 말씀의 직분)
(엡 4:11, 사도, 선지자, 복음전하는 자, 목사 · 교사)
그 다음은 능력. 그 다음은 병 고치는 은사. 서로 돕는 것. 다스리는 것

(장로). 각종 방언을 하는 것..
이런 은사는, 우열을 말하는 것이 아닙니다. 질서를 말하는 것입니다. 말씀은 곧, 하나님이십니다. 모든 은사와 직분은 말씀의 직분 앞에 세우지 못합니다. 이것은 주님의 교회에, 주님이 세우신 질서입니다.
주님이 세우신 질서 때문에 주님은 그렇게 일하시고, 성도는 순종해야 한다. 말씀의 직분을 무시하는 것은, 말씀이신 하나님을 무시하는 것입니다.(목사가 마음에 안 들면, 목사를 위해 열심히 기도하면 됩니다)
(목사가 코미디언(듣기 좋은 말) 되기를 바라지 마십시오.
영적 생활을 들으십시오.('회개하라' 를 들으십시오)

성부하나님, 성자하나님, 성령하나님 = 말씀으로, 말씀 안에서 일하시며 말씀으로 세상을 다스리신다. 성부하나님, 성자하나님, 성령하나님 = 말씀 안에서 하나요, 말씀 안에서 한 분이시다.
그러므로 은사와 직분은 말씀 안에서 발견되고, 확인되고, 사용되어져야 합니다. 모든 은사는 말씀의 다스림 안으로 들어와야 하고, 말씀의 다스림을 받아야 한다. 목사는, 말씀을 갖고 일합니다.
또한 은사는, 말씀위에 서지 못한다.
그리고 은사를 사용하고 직분을 행하는 방법, 그것은 사랑입니다.

:31 너희는 더욱 큰 은사를 사모하라 내가 또한 제일 좋은 길을 너희에게 보이리라.
모든 은사를 사용하는 방법이, 사랑입니다. 교회를 세우고, 직분을 행하는 방법은, 사랑입니다. 자기 영혼을 구원하는 제일도, 사랑입니다. 형제를 세우는 제일도, 사랑입니다. 이웃의 구원하는 제일도, 사랑입니다.

은사는 섬기고, 세우기 위해서 주신 것입니다. 신령한 은사를 받았다면 교만 하라는 것이 아니라 섬기라고 주신 것입니다. 그래서 은사 앞에 사랑이 있어야 합니다.

1. 예수님을 사랑하는 마음.
2. 받은 은혜에 감사하는 마음.
3. 불신 영혼을 불쌍히 여기는 마음이 있어야 합니다.

진리 안에서 이해해주고, 인정해 주는 것입니다. (진리 밖에서가 아니다)
진리 안에서 덮어주고, 감싸주는 것입니다.
진리 안에서 내 것으로 섬기는 것입니다.

진리 안에서 사랑으로 교회를 세워가 우리가 되기를 바랍니다.

25 사랑

고전 13:1~3

주님은 교회를 세우기 위해 여러 가지 은사를 주십니다. 그러므로 교회에 여러 가지 은사가 나타날 수 있습니다. 그러나 은사가 다른 것은 나와 다른 것뿐이지, 틀린 것은 아닙니다. 내가 갖고 있는 것으로 다른 형제를 판단하지 마십시오. 손과 발이 다른 것처럼 은사를 따라서, 직분을 따라서 다르게 일할 수 있습니다.

다르다는 것을 인정하지 않으면 싸움이 됩니다.

고린도교회는 다르다는 것 때문에 싸웠습니다. 그러나 다른 것은, 다른 것이지, 틀린 것이 아닙니다. 그래서, 은사보다 앞서는 것은, 은혜입니다. 사랑입니다.

은혜는, 구원의 체험입니다. 예수님의 십자가로 죄인인 내가 구원받았다는 영적인 체험입니다. 하나님의 사랑에 대한 체험입니다. 하나님께서 부족한 나를 사랑하신다는 영적인 체험입니다. 이러한 은혜의 체험에서 감사와 감격의 신앙생활이 시작됩니다.

은혜를 받았을 때, 은사가 유익한 것입니다. 그리고, 은사의 사용방법으로는 사랑이 제일입니다. 그러나 사랑이 없는 은사는 아무것도 아닙니다. 사랑 없는 은사는 생명 없는 소리 나는 구리, 울리는 꽹과리 일, 뿐입니다. 은혜 받은 다음 교회생활에서 제일은, 사랑입니다.

누구나 은사를 받아야 하지만 은혜 받은 다음에 사랑을 먼저 구하시기 바랍니다. 구원 받은 다음 예수 믿은 다음 사랑을 구하십시오.

사랑이 제일 좋은 길입니다. 모든 은사, 모든 능력, 모든 봉사를 사랑으로 하지 않으면 다 헛것이라는 말입니다.

①은혜와 은사에 사랑이 없으면 먼저 자기에게 유익이 되지 못합니다. 성령님께 받은 좋은 은사를 갖고 교만하게 됩니다. 자기 의를 드러내기 시작합니다. 사랑이 없으면 형제를 판단하고, 정죄하게 됩니다. 공갈을 하고 협박합니다. 은사는 성령님께 받고 사용되기는 마귀에게 사용되는 것입니다. 은혜와 은사, 직분을 성령님께 받고 육신을 위해서, 마귀를 위해서 쓰임 받는다면, 자랑과 다툼과 분쟁과 교만이 생깁니다. 이것이 바로 불법을 행하는 것입니다.

②은혜와 은사에 사랑이 없으면 형제에게, 교회생활에도 유익이 되지 못합니다. 형제를 세워주지 못하고 오히려, 마음을 아프게 상처를 줍니다. 결국 사랑이 없으면 아름다운 열매를 맺을 수 없습니다. 멋있는 웅변, 신비한 능력, 자선, 희생, 열심과 충성 이 모든 것이 참으로 좋은 것입니다. 그러나 이 좋은 것들도 사랑이 없으면, 아무 열매가 없습니다. 사랑이 제일 좋은 길입니다. 사랑은, 주님의 마음입니다.

사랑은, 나와 다른 형제, 나보다 연약한 형제를 오래 참아주는 것입니다. 형제에게 온유한 것입니다. 형제를 시기하지 않는 것입니다. 형제에게 자랑하지 않는 것입니다. 형제에게 교만하지 않는 것입니다.
사랑은, 나와 다른 형제, 나보다 연약한 형제에게 무례히 행하지 않는 것입니다. 자기의 유익을 구하지 않는 것입니다. 성내지 않는 것입니다. 악한 것을 생각하지 않는 것입니다.

사랑은, 불의를(모함) 기뻐하지 않습니다. 진리와 함께 기뻐합니다. 사랑은, 모든 것을 참으며 모든 것을 믿으며 모든 것을 바라며 모든 것을 견디는 것입니다.

사랑이 있으면 오래 참고, 온유하고, 시기하지 않고, 자랑하지 않고, 교만하지 아니하며, 무례히 행하지 않고, 자기의 유익을 구하지 않고, 성내지 않고, 악한 것을 생각하지 않고,
사랑이 있으면 불의를 기뻐하지 않고, 진리와 함께 기뻐하고, 모든 것을 참으며 모든 것을 믿으며 모든 것을 바라며 모든 것을 견딜 수 있습니다. 사랑은 율법 중에, 가장 큰 계명입니다.
마 22:37~40 예수께서 가라사대 네 마음을 다하고 목숨을 다하고 뜻을 다하여 주 너의 하나님을 사랑하라 하셨으니, 이것이 크고 첫째 되는 계명이요 둘째는 그와 같으니 네 이웃을 네 몸과 같이 사랑하라 하셨으니, 이 두 계명이 온 율법과 선지자의 강령이니라.
요일 4:16 하나님이 우리를 사랑하시는 사랑을 우리가 알고 믿었노니 하나님은 사랑이시라 사랑 안에 거하는 자는 하나님 안에 거하고 하나님도 그 안에 거하시느니라.

①사랑은 자기 신앙생활, 경건에 유익이 됩니다. 하나님을 사랑한다면 하나님을 아무렇게나 대하지 않을 것입니다. 하나님을 사랑한다면, 아무 생각 없이 예배를 드리지 않을 것입니다. 하나님을 사랑한다면, 우상 숭배를 하지 않을 것입니다. 하나님을 사랑한다면, 하나님께 대해서, 교회에 대해서 함부로 말하지 않을 것입니다. 하나님을 사랑한다면, 주일을 거룩히 지키라고 말할 필요가 없을 것입니다.

②사랑은 형제에게 그리고 교회생활에서도, 유익합니다. 형제를 사랑한다면 형제를 아무렇게나 대하지 않을 것입니다. 형제를 사랑한다면, 부모를 공경하라. 살인하지 말라는 말을 할 필요가 없을 것입니다. 형제를 도적질하지 말라고 하지 않아도 될 것입니다. 형제를 사랑한다면, 간음하지 말라. 거짓증거 하지 말라. 탐내지 말라고 하지 않아도 될 것입니다. 오히려 도와주고 싶을 것입니다.

사랑은 작은 것 같지만 큰 은혜를 끼칩니다. 사랑이 없는 자리에 주어지는 능력은 교만함과, 형제에게 상처를 주게 됩니다.

빌 2:5~8 너희 안에 이 마음을 품으라 곧 그리스도 예수의 마음이니,그는 근본 하나님의 본체시나 하나님과 동등됨을 취할 것으로 여기지 아니하시고, 오히려 자기를 비워 종의 형체를 가지사 사람들과 같이 되셨고, 사람의 모양으로 나타나사 자기를 낮추시고 죽기까지 복종하셨으니 곧 십자가에 죽으심이라.

사랑은, 예수님처럼 자기를 낮추는 것입니다. 자기를 낮추는 온유와 겸손이 사랑입니다. '사랑' 이하면, 남부터 생각합니다. 누가 사랑이 없다고 합니다. 아닙니다. 나부터 자기를 낮추고 나부터 온유하고, 나부터 겸손하고, 나부터 사랑하므로, 사랑으로 하나 되는/ 우리 교회 되기를 원합니다.

사랑은 예수님을 닮아가는 것입니다. 성령님과 교통함으로, 예수님의 인격을 배우는 것입니다. 날마다 성령님과 교통함으로 하나님의 사랑과 은혜를 드러내시기를 바랍니다.

26 은사와 말씀

고전 13:8~13

고린도 교회는 여러 가지은사가 있는 교회였습니다. 고린도 교회는, 매력적이고 특별한 은사를 추구했습니다. 고전 12:31에서 은사를 사용함에 있어서, 제일 좋은 방법을 보여주겠다고 말씀하십니다. 그것은 사랑입니다.

주님께서 원하시는 사랑은 육신적인 사랑이 아닙니다. 친구의 우정을 말하는 것이 아닙니다. 죄인들끼리만 좋아하는 것은 주님이 말씀하시는 사랑이 아닙니다.

주님께서 원하시는 사랑은, 성령의 인도함을 받는 사랑을 말합니다.

다른 사람과 관계에 있어서, 공격을 당하여도 보복하지 않습니다. 나보다 부족한 사람도 인정해 줍니다. 형제가 잘 될 때 함께 기뻐해 줄 줄 아는 것입니다. 예수로 자랑하며, 연약한 성도를 대할 때에도, 무시하지 않는 것이 사랑입니다. 예의를 갖추고, 권위를 인정합니다. 남을 해하려는 꾀를 꾸미지 않는 것입니다.

본인에 대해서는, 죄와 타협하지 않고 죄에 믿음을 양보하지 않는 것이 자기 사랑입니다. 하나님의 말씀에 순종하고, 육신의 원대로 하지 않고, 주님이 일하실 것을 믿는 것이 자기사랑입니다. 주님께 맡기고, 주님의 일하심이 나타날 것을 기대하며, 꿋꿋이 살아가는 것입니다.

이런 사랑으로 하나가 되어서 교회를 세우며, 예수님의 십자가의 복음을 전하는 것입니다.

사랑은 이웃에게도 칭찬을 받으며, 복음이 전파되는 것으로 나타나야 합니다. 일은 하는 것 같으나, 교회가 시끄럽고 복음이 전파되지 않으면 사랑이 아닙니다. 그 열심은, 육신의 열심이지 하나님의 사랑은 아니었습니다.

사랑은 '이것이 사랑이다' 라고, 안다고 해서 생기는 것은, 아닙니다. 성령으로 행할 때, 나타나는 것입니다. 성령님과의 바른 관계, 바른 교제 속에서 만들어지는 것입니다.

육으로 행할 때는 주님이 원하시는, 사랑을 할 수 없습니다. 이해하지 못하고, 포기하지 못하고, 양보하지 못하고 있다면 육으로 행하고 있는 것입니다. 육신의 생각은 사망입니다.(롬8:6)

육체를 위하여 심는 것은 썩어진 것으로 거두게 됩니다.(갈6:8)

성도는, 교회와 형제를 위해서 그리고 이웃을 위해서 사랑을 사용해야 합니다. 그러나 반대로 자기를 위한 이기심의 방편으로 사용하는 것이 아닙니다. '이것이 사랑이라는데, 왜, 나를 안 사랑해주는 거야!(나를 사랑해 달라고)

우리가 죄를 회개하고 예수님을 믿고, 영접할 때, 죄 사함을 받게 되고 성령님께서 우리 안에 오십니다.

성령님께서 우리에게 오셔서, 우리로 예수님을 닮아가게 하십니다. 우리가 하나님의 자녀인 것을 보증하시고, 인치셨습니다. 천국까지 인도해 주십니다. 이제, 성도는 자신을 성령님께 맡기시기 바랍니다.

성령님을 의지하시기를 바랍니다. 성령님께서 우리를 풍성한 사랑과 생명으로 인도해 주실 것입니다.

여기에서 생각해 볼, 중요한 것은/ 은사와 말씀입니다.

:9~11 우리는 부분적으로 알고 부분적으로 예언하니, 온전한 것이 올 때에는 부분적으로 하던 것이 폐하리라. 내가 어렸을 때에는 말하는 것이 어린 아이와 같고 깨닫는 것이 어린 아이와 같고 생각하는 것이 어린 아이와 같다가 장성한 사람이 되어서는 어린 아이의 일을 버렸노라. (민12:6 환상, 꿈/ 은사 ≠ 말씀)

꿈과 환상과 이적과 기사, 이런 은사는 온전한 것이 아닙니다. 부분적인 것이며, 어린아이의 일이라는 말씀입니다.

은사는 분별하지 못할 때나, 욕심으로 행할 때는, 마귀의 역사로 이용되기도 합니다.

히 5:13,14 이는 젖을 먹는 자마다 어린 아이니 의의 말씀을 경험하지 못한 자요. 단단한 음식은 장성한 자의 것이니 그들은 지각을 사용하므로 연단을 받아 선악을 분별하는 자들이니라.

고린도교회는 은사는 많았지만 어린아이 신앙의 교회였습니다.(고전 3:1) 성도는 믿음의 어린아이에 머물러 있으면 안 됩니다. 장성한 사람이 되어야 합니다.

어린아이의 믿음 때에는 보여주시고 들려주시는 것으로 신앙을 붙잡아 줄 수 있습니다. 어린아이는 선물을 보고 나를 사랑하는가? 아닌가? 판단합니다. 그러나 어른은 선물이 없어도, 마음을 읽게 됩니다.

성도의 온전한 믿음 장성한 믿음이 무엇입니까? 그것은 말씀입니다.

자기를 부인하고, 자기 십자가를 지고 말씀을 붙들고 묵묵히 그냥 가는 것입니다.

은사는 성령님이 주시는 도구요, 선물입니다.

은사를 주님이 나를 사랑하는 확인이나 나를 드러내기 위한 자랑거리로 삼지 마십시오. 기적, 표적, 신비, 감정 충만이 성령 충만이 아닙니다. 오히려 기적은 마귀와 거짓 선지자가 성도를 유혹하는 수단이라고 말씀하십니다. 잘 분별해야 합니다.(사랑확인?, 자랑거리?)

성령 충만은, 말씀 충만입니다. 성령님 맘대로(예수님 맘대로) ≠ 내 맘대로(죄). 성령 충만은 열매로 나타납니다.(갈5:22,23)
성령님은 말씀을 따라, 예수님의 형상을 만들어 가십니다. 성도는 자기를 팔복의 영성으로 만들어 가는 것입니다.
기적의 사람이 되기 위해서, 기적을 나타내기 위해서, 기도하는 것이 아닙니다. 기적은 말씀을 따라가면, 하나님께서 필요할 때, 하나님께서 나타나게 해 주십니다. 우리의 기도는 말씀을 따라갈 힘을 얻기 위해서 하는 것입니다.(히 5:7)
말씀은 곧 하나님이십니다. 성령님은 진리의 영이십니다. 말씀으로 역사하십니다. 진리로 인도하십니다.(요 16:13,14) 성도는 은사를 따라 움직이는 사람이 아니라, 말씀을 따라 움직이는 사람이 되어야 합니다.
은사는 말씀을 수종드는 도구가 되어야 합니다. 말씀이 은사를 따라 움직이면 잘 못된 것입니다. 그래서 모든 은사와 직분이 말씀 아래에 있는 것입니다.(고전 12:28, 엡 4:11,12) 모든 은사와 직분은 말씀의 다스림 아래에 있는 것입니다.
말씀은 곧 하나님이십니다. 성경을 많이 읽으십시오.
말씀이 우리를 사용하시고, 말씀이 천국으로 이끌어 가실 것입니다.

27 방언, 예언, 설교

고전 14: 1,2(:1~:40)

주 예수님께서는 주님의 피 값으로 세우신 교회를 사랑하십니다. 교회를 사랑하고, 교회를 중심으로 신앙생활을 만들어 가시기 바랍니다.
교회는 주님이 세우신 질서를 따라 움직이는 것입니다. 사람의 방법을 따라서 사람의 기분, 사람의 생각대로 움직이는 것이 아닙니다.
세상의 방법(민주주의, 공산주의)으로 움직이는 것도 아닙니다.(누가 교회를 보존하는가?)
주님은 주님의 몸인, 교회를 세우기 위해서 다양한 은사를 주셨습니다. 그리고 은사를 활용함에 있어서 먼저, 활용방법을 말씀해 주셨습니다.
은사의 활용방법 그것은, 사랑입니다.
사랑으로 하지 않으면 자신에게나, 형제에게나 유익이 되지 않기 때문입니다.
14장에서 특별히 예언과 방언에 대해서 말씀하고 계십니다. 예언과 방언이 귀한 은사이며, 그만큼 조심해야할 은사입니다. 하나님께 받고, 마귀에게 쓰임 받을 수도 있습니다. 모든 은사가 그렇듯, 예언과 방언의 은사도 성령을 따라 사랑으로 행하지 않으면, 교만하여 남을 판단하고, 정죄하고, 심판하게 되고, 형제에게는 상처를 주게 됩니다.

방언은 내가 알아듣지 못하는 말을 하는 것인데, 이것은 영으로 비밀을 하나님께 말하는 것입니다. 자기의 덕을 세우는 것입니다. 자기 영혼의 부요를 만드는 은사입니다. 그러므로 중요한 것입니다.

또한, 믿지 않는 자를 위한 표적입니다.
형제를 가르치기 위해서는, 통역하는 은사가 꼭 필요합니다. 통역하기를 구하십시오. 그러므로 통역하는 자가 없으면, 공적 예배에서는 잠잠해야 합니다.
알아듣지 못하므로, 말하지 말아야 할 것입니까? 아니지요. 방언은 기도입니다. 방언은 영으로 하나님께 말하는 기도이므로 내 귀로, 꼭 알아들어야 할 이유는 없습니다. 내가 기도를 듣고 한다고 해도, 이룰 수 있는 능력이 없는데 듣는 것이 무슨 소용입니까? 기도를 이룰 수 있는 능력은, 주님께 있습니다.
영으로, 더 깊은 은혜에 들어가기 위해서 방언기도를 해야 합니다.
그래서 방언 은사 받기를 꼭 기도하십시오. 방언기도를 많이 하십시오.
자기 영혼이 더 풍성해 지고, 부요해 집니다.

예언은 성령의 감동으로 말한다는 것입니다. '앞으로 될 일을 말한다는 뜻이 아니고, 성령님께서 가르쳐 주심으로, 알고 말하는 것입니다.
예언은, 교회의 덕을 세우는 은사입니다. 그러므로 중요한 것입니다.
다른 형제를 가르치는 기능이 있다. 믿는 성도들을 위한 표적입니다.
–예언하는 자에게 제재를 받을 수 있으므로 말씀에 맞는가! 2~3사람이 분별해야 한다. 예언의 은사는 예언하는 자 때문에 하나님의 말씀과, 하나님의 마음이 가로막힐 수 있습니다. 하나님의 본뜻이 전달되지 않을 수 있습니다. 마귀에게 쓰여 질 수 있는 대표적인 은사이다.
겔 13:2,3 인자야 너는 이스라엘의 예언하는 선지자를 쳐서 예언하되 자기 마음에서 나는 대로 예언하는 자에게 말하기를 너희는 여호와의 말씀을 들으라. 주 여호와의 말씀에 본 것이 없이 자기 심령을 따라 예언하는 우매한 선지자에게 화 있을진저

행 21:8~14 가이사랴에…일곱 집사 중 하나인 전도자 빌립의 집에…딸 넷이 있으니 처녀로 예언하는 자라. 한 선지자 아가보라 하는 이가 유대로부터 내려와…(바울 결박)
많은 성도가 육신의 생각에 따라 내는 예언의 은사에 속고 있습니다. 성경 66권의 계시가 완성된 이후로 성도는 성경 66권 계시의 말씀을 따라갑니다.(계 1:3) 예언은사가 성경에 맞는 가 반드시 확인해 봐야 합니다.

은사로 받은 말씀은 내가 성경 말씀으로 성장하지 않으면, 이루어지지 않습니다. 성도가, 성경 말씀을 따라 성장하면 성경 말씀의 복이 이루어집니다. 예언은사를 따라가지 말고 예언의 말씀, 성경을 따라 가시기 바랍니다.
딤후 3:16,17 모든 성경은 하나님의 감동으로 된 것으로 교훈과 책망과 바르게 함과 의로 교육하기에 유익하니, 이는 하나님의 사람으로 온전하게 하며 모든 선한 일을 행할 능력을 갖추게 하려 함이라.
성도를 교훈하고, 책망하고, 바르게 하고, 의로 교육하고, 온전케 하는 모든 말씀은, 성경 66권 안에 다 있습니다. 그래서 성도는, 예언의 은사 중심이 아니라 말씀 중심의 신앙생활을 해야 합니다.
사람은, 하나님께서 하나님자신을 보여주셔야만 알 수 있습니다. 기독교 ⇒ 계시의 종교
예수님은 하나님의 말씀이 육신 되어 오신 분이십니다. 말씀은, 곧 하나님이십니다.

설교는 성령의 감동으로 기록된 말씀을 성령의 감동으로 풀어 전해주는 말씀입니다.

–감동: 성령님이 하나님의 뜻, 마음, 생각을 전하시는 일(살전 2:13)
설교는 하나님을 드러내 보여주고 하나님의 마음을 드러내 보여주는 하나님의 방법입니다.
설교에서는 예수님의 피가 빠지면 안 됩니다. 어디서나 들을 수 있는 도덕 강의는, 설교가 아닙니다.

말씀=하나님, 모든 은사는 말씀에서 분별되어져야 하고, 다스림을 받아야 합니다. 또한 모든 직분도 말씀의 직분에 다스림을 받아야 합니다.
각자 성경말씀을 읽을 때, 성령님께서 개인적으로 찾아오신다고 한다면, 예배시간의 설교는, 성령님께서 예수님의 십자가의 피로 구원하신 교회 공동체에 공적으로, 하나님의 뜻을 보여주시는 것이다.
설교는 하나님께서, 하나님 자신을 보여주시는 것이다. 하나님께서 성도들에게 말을 걸어오시는 것이다. 또한 하나님께서 우리의 모습을 보여주시는 것입니다. 하나님께서 성도를 교훈하고, 책망하고, 바르게 하고, 의로 교육하고, 온전케 하시는 일입니다.
목사는 하나님께서 하나님 자신을, 성도들에게 중매하는 통로이다.
성도는 말씀으로 찾아오신, 하나님 앞에 순복하고, 하나님의 말씀과 씨름해야 합니다. 자신을 부인하고 말씀에 항복하는, 씨름을 해야 합니다.
말씀을 따라 영혼의 성공을 만들어 가시기 바랍니다.

28 굳게 지키면

고전 15:1~4

우리는 예수님을 믿기 때문에 지금 하나님 앞에 나왔습니다.
그럼, 예수님을 믿는다고 말할 때, 우리가 믿는 믿음의 내용이 무엇입니까? 무엇을 믿습니까?

:3,4 성경대로 그리스도께서 우리 죄를 위하여 죽으시고, 장사 지낸 바 되셨다가 성경대로 사흘 만에 다시 살아나사.
나는, 창조주 되신 하나님을 알지 못하고 살았습니다. 내 마음대로 육신의 정욕대로 지옥 갈 죄만 짓고 살았습니다. 그런데 예수님께서 오셔서 내 죄를 대신해서, 죄의 형벌을 당하고 죽으셨다가, 3일후에 다시 살아나시므로, 내 모든 죄를 대속하셨으니 감사합니다. 감사합니다.

이렇게 믿으십니까?
창조주 하나님 앞에 죄인임을 인정하십니까? 죄로 말미암아 지옥의 형벌에 들어가야 할 죄인, 바로 나를 대신해서 죄 없으신 하나님의 독생자 예수님께서 십자가에 피 흘려 죽으신 것을 믿으십니까? 죽으셨다가 3일후에 다시 살아나신, 살아계신 예수님을 믿으십니까?
우리는 이 예수님 때문에 신앙 생활하는 것입니다. 내 영혼 구원 받기 위해서, 예수님만 바라보시기 바랍니다.
누구 때문에 교회가 재미있고, 누구 때문에 교회가 재미없는 것이 아닙니다. 내 믿음이 예수님의 은혜앞에 바로 서있으면, 교회는 재미있습니다. 내 믿음이 예수님에게서 멀어지면, 교회 나오는 것이 재미없습니다. 교회에서 불평불만은, 예수님에게서, 십자가 보혈의 은혜에서 멀어졌다는 표시입니다. 교회에서 자기자랑은, 예수님에게서, 십자가 보혈의 은혜에서 멀어졌다는 표시입니다.
예수님에게서 멀어지면 생명에서 멀어지고 교회생활이 재미없게 됩니다. 자기 의만 드러내게 됩니다.
말씀과 기도로, 성령 충만으로 ①처음사랑을 회복하고, ②예수님의 생명을 계속 공급받으시기 바랍니다.

:2 너희가 만일 내가 전한 그 말을 굳게 지키고 헛되이 믿지 아니하였으면 그로 말미암아 구원을 받으리라.
이것을 굳게 지키면 굳게 붙잡으면 굳게 믿으면, 구원을 얻을 것이라고 천국에 가게 될 것이라고 말씀하십니다. 우리는 예수님의 십자가의 피의 공로를 믿음으로, 받고, 천국에 가는 것을 믿으시기 바랍니다. 오직 십자가의 피 때문에 천국에 들어가게 됩니다. 할렐루야!
그런데, (헛되이) 믿으면 안 된다고 말씀하십니다.
굴복하다, 자리를 내어주다 라는 말에서 유래해서 이유 없이, 원인 없이, 하는 일없이, 라는 말입니다.
그러니까, 믿음을 굳게 지키지 못하고, (중간에)
① 믿음을 포기했다. 굴복했다. 자리를 내어주었다는 말입니다.

:6 오백여 형제 ⇒ 행 1:15 일백 이십 명 = – 380
딤후 4:10 데마는 이 세상을 사랑하여 나를 버리고 데살로니가로 갔고.
② 믿음의 내용이 없이/ 모양만, 형식만 믿는 모습이었다는 것입니다.
마 25: 신랑을 기다리는 열 처녀= 미련한 다섯 처녀.

요 12:6 가룟 유다/ 저는 도적이라= 예수님을 팔고 목매어 죽음.
출 14:24 이스라엘의 뒤를 좇아 홍해에 들어온 애굽의 군인들= 홍해에 수장됨.(계 15:2 불이 섞인 유리바다.)
생각 없이 교회 다니다가, 친구 따라왔다가, 지옥의 형벌에 들어가는 생각을 해 봤나요?
우리의 믿음을 굳게 붙잡으시기 바랍니다. 내 죄를 대신해서 예수님의 십자가의 죽으심과 부활하심, 그리고 천국은 확실히 있습니다.

벧전 1:6~9 너희가 이제 여러 가지 시험으로 말미암아 잠깐 근심하게 되지 않을 수 없으나 오히려 크게 기뻐하는도다. 너희 믿음의 확실함은 불로 연단하여도 없어질 금보다 더 귀하여 예수 그리스도께서 나타나실 때에 칭찬과 영광과 존귀를 얻게 할 것이니라. 예수를 너희가 보지 못하였으나 사랑하는도다 이제도 보지 못하나 믿고 말할 수 없는 영광스러운 즐거움으로 기뻐하니, 믿음의 결국 곧 영혼의 구원을 받음이라.
우리 성도들이, 예수님을 믿는 믿음의 결국 믿음의 소망은 천국입니다.
예수님께서, 우리 죄를 위하여 죽으시고, 부활하셨음을 내 믿음으로 갖는 것은, 영원한 천국 때문입니다.
히 10:35,36 너희 담대함을 버리지 말라 이것이 큰 상을 얻게 하느니라.
너희에게 인내가 필요함은 너희가 하나님의 뜻을 행한 후에 약속하신 것을 받기 위함이라.
천국에 확실한 소망이 없고, 믿음이 없는 사람은, 핍박과 시험에 믿음을 포기합니다. 그러나 천국을 향한 믿음이 있는 사람은, 핍박이 있어도 믿음을 포기하지 않습니다. 사람이나 환경에 흔들리지 않습니다.
담대함을 버리지 마십시오. 주님만을 바라보고, 교회 생활하십시오.

천국만 바라보고, 신앙 생활하십시오.

성도는 주님의 뜻대로 사는 일에 방해가 있고, 내 영혼이 구원 받으며, 천국을 향해 가는데 방해하는 방해물이 있다고 해도, 물리치고, 이기고, 대적하고, 승리하는 성도되시기 바랍니다. 할렐루야!

29 은혜와 사명

고전 15:8~10

성도의 신앙생활은, 하나님의 은혜로 시작해서, 하나님의 은혜와 함께 살아가고, 하나님의 은혜와 함께 마치는 것입니다.

빌 3:5,6 나는 팔일 만에 할례를 받고 이스라엘 족속이요 베냐민 지파요 히브리인 중의 히브리인이요 율법으로는 바리새인이요. 열심으로는 교회를 박해하고 율법의 의로는 흠이 없는 자라. 나는 사도 중에 가장 작은 자라 나는 하나님의 교회를 박해하였으므로 사도라 칭함 받기를 감당하지 못할 자니라.

유대교의 신앙생활은 자기 의와, 자기 열심의 신앙생활이었습니다.

유대인이었던 사도 바울도 예수님 믿기 전에, 교회를 핍박하기를... 열심히 핍박했습니다. 자기가 갖고 있는 유대교의 지식과 경험으로는 교회를 핍박하는 것이, 하나님을 잘 섬기는 일인 줄 알았습니다.

예수님을 믿기 전에 사울은 똑같은 성경을 보면서도 자기를 하나님의 아들이라고 말하는, 나사렛 예수와 그를 따르는 자를 그냥 두고 볼 수가 없었습니다.

여호와 하나님께서 성부, 성자, 성령 삼위일체 되시는 하나님을 이해할 수 없었습니다.(하나님은 한분이신데, 삼위로 계십니다) 왕으로 오시는 구세주만 알고 있었지 고난 받는 구세주를 생각할 수 없었습니다.

행 22:20 또 주의 증인 스데반이 피를 흘릴 때에 내가 곁에 서서 찬성하고 그 죽이는 사람들의 옷을 지킨 줄 그들도 아나이다.

행 9:2 다메섹 여러 회당에 가져갈 공문을 청하니 이는 만일 그 도를 따르는 사람을 만나면 남녀를 막론하고 결박하여 예루살렘으로 잡아오려 함이라.

예수님을 모르던 바울은 복음을 전하는 스데반 집사를 죽이는데, 앞장섰습니다. 멀리 다메섹에까지 가서, 예수님을 믿는 성도들을 잡아오려고 했습니다. 정말, 교회를 핍박하는데 열심이었던 사람입니다.

그렇게 교회와 성도를 핍박하던 바울이 예수님을 만났습니다.

바울의 본래 이름은 사울이었지요.

행 9:1~6 사울이 주의 제자들에 대하여 여전히 위협과 살기가 등등하여 대제사장에게 가서 다메섹 여러 회당에 가져갈 공문을 청하니 이는 만일 그 도를 따르는 사람을 만나면 남녀를 막론하고 결박하여 예루살렘으로 잡아오려 함이라. 사울이 길을 가다가 다메섹에 가까이 이르더니 홀연히 하늘로부터 빛이 그를 둘러 비추는지라. 땅에 엎드러져 들으매 소리가 있어 이르시되 사울아 사울아 네가 어찌하여 나를 박해하
느냐 하시거늘, 대답하되 주여 누구시니이까 이르시되 나는 네가 박해하는 예수라. 너는 일어나 시내로 들어가라 네가 행할 것을 네게 이를 자가 있느니라.

예수님을 알지 못하던 바울은 핍박하는 자리에서 예수님을 만났습니다. 그가 회개하고 정신을 차리고 보니 성경에 말씀하신 구세주는 우리 죄를 대신하여, 고난 받는 구세주였습니다. 자기가 핍박하던, 예수님은 삼위일체 되시는 여호와 하나님, 창조주 하나님이셨습니다.

핍박하는 바울을 찾아가 만나 주셨던 주님이 이제 우리를 찾아와 만나 주신 줄 믿습니다. 창조주 하나님을 알지 못하고 죄와 우상과 마귀의 종으로 사는 우리를 찾아오셨습니다. 주님의 교회를 핍박하고, 성도를 핍박하던 우리를 십자가의 피로 만나 주셨습니다. 그리고 우리를 살려 주셨습니다. 성령을 부어주시고 하나님의 자녀 삼아 주셨습니다. 영원한 복락의 나라, 천국을 유업으로/ 약속해 주셨습니다. 할렐루야!

:9 나는 하나님의 교회를 박해하였으므로 사도라 칭함 받기를 감당하지 못할 자니라.

나를 찾아오신 주님은 생명을 살리는 일에 동역자로 불러주셨습니다.
너무나 감사하지 않습니까? 주님은 은혜 받은 성도에게 사명을 주십니다. 직분을 주십니다. 이제 성도는 하나님의 사람으로 천국을 바라보며, 정신 차리고 살아가야 합니다. 그냥 놀고 즐기다가, 세월 다 갑니다.
우리의 열심이 식어지는 것은, 왜 그렇습니까?
우리 육체의 시간은 주님의 십자가 피의 은혜에 보답하고 감사할 수 있는, 절호의 기회입니다. 육체를 위해서 허비하고 끝내지 마십시오.

은혜 받았습니까? 주님께서 우리에게 충성하도록 맡겨주신 교회가 있습니다. 우리에게 주님의 동역자가 되는 귀한 직분을 맡겨주셨습니다.
말로만 사랑을 말하고, 말로만 전도를 말하는 것이 아닙니다. 단지 기도로 사랑을 말하고, 기도로 부흥을 말하는 것이 아닙니다. 내가 먼저 사랑을 보여주고 생활로 전도해야 합니다.
막 16:15,16 너희는 온 천하에 다니며 만민에게 복음을 전파하라. 믿고 세례를 받는 사람은 구원을 얻을 것이요 믿지 않는 사람은 정죄를 받으리라.
교회는, 그저 교인 숫자를 늘리려고 빈자리 채우려고 전도하는 것이 아닙니다. 지옥 가는 영혼을 살리기 위해서 전도하는 것입니다. 전도는 해도 되고 안 해도 되는 것이 아닙니다. 전도는 주님께 명령을 받은, 사명입니다.

우리가 예수님을 믿고 죄에서 구원받은 것은 오직 주님의 은혜입니다. 지금까지 내 믿음을 붙들어 주시고 인도해 주신 것도 주님의 은혜입니다. 주님의 교회의 직분자로 세워주신 것도 주님의 은혜입니다. 복음을 전하고 또 한 영혼을 살리는 주님의 동역자로 쓰시는 것도 주님의 은혜입니다. 바울은 이렇게 고백합니다.

빌 3:12~14 내가 이미 얻었다 함도 아니요 온전히 이루었다 함도 아니라 오직 내가 그리스도 예수께 잡힌바 된 그것을 잡으려고 달려가노라. 형제들아 나는 아직 내가 잡은 줄로 여기지 아니하고 오직 한 일 즉 뒤에 있는 것은 잊어버리고 앞에 있는 것을 잡으려고, 푯대를 향하여 그리스도 예수 안에서 하나님이 위에서 부르신 부름의 상을 위하여 달려가노라.

더 겸손하시고, 더 진실하시기 바랍니다. 더 많이 감사하고, 더 많이 헌신하고 충성하시기 바랍니다. 더 많이 전도하고, 더 많이 구원하시기 바랍니다. 그래서 우리가 주님 앞에 갔을 때, 이렇게 칭찬 받으시기 바랍니다.

마 25:23 그 주인이 이르되 잘하였도다 착하고 충성된 종아 네가 적은 일에 충성하였으매 내가 많은 것을 네게 맡기리니 네 주인의 즐거움에 참여할지어다.

영혼을 살리려는 주님의 간절한 마음을 내게도 주세요 !!

30 첫 열매(맥추절)

고전 15:20~22

출 23:16 맥추절을 지키라 이는 네가 수고하여 밭에 뿌린 것의 첫 열매를 거둠이니라.

하나님께서는 이스라엘자손에게 가나안 땅에 들어가 겨울이 지나고 봄이 되어 첫 열매를 수확하면, 그 첫 열매를 하나님 앞에 드리라고 말씀하십니다.

우리나라도 봄에 식량이 없어 힘들고 어려운 때가 있었지요! 추운 겨울을 지나면서 식량이 떨어져 힘들고 어려울 때, 하나님께서 첫 번째로 식량을 주셨음을 인하여 감사하는 절기, 그 절기가 맥추절입니다. 하나님께서 첫 열매를 드리라고 하시는 것은, 하나님께서 열매를 주셨기 때문이라는 말입니다. 하나님께서, 하나님의 땅에서 첫 열매를 거두게 하셨다는 말입니다.

우리가 이 세상에서 내 것처럼 생각하고, 내 것처럼 계획하고, 내 것처럼 노력하지만, 실상은 내 것이 아무것도 없습니다.

하나님께서 다 준비하셨고, 하나님께서 만드셨고, 하나님께서 알곡을 주셨습니다. 우리는 하나님의 일하심에 거두는 수고를 한 것뿐입니다.

우리는, 하나님께서 만들어 놓으신 것을 가져다가 먹고 마시고 살고 있습니다. 그러므로 하나님께서 이 절기를 지키라고 말씀하십니다.

하나님께서 새로운 양식을 주셨음을 인정하고, 감사하라는 말입니다.

할렐루야!

우리의 모든 것이, 하나님께로부터 왔음을 인정하시고, 감사하시기 바랍니다.
지금은, 봄에 식량이 부족해서 어려움 당하는 사람은, 거의 없을 것입니다. 이제, 우리는 주님께서 말씀하고 싶어하시는 맥추절의 영적 의미를 깨닫기 원합니다. 이스라엘의 맥추절은 이렇게 지켜집니다.
레23:10,11 이스라엘 자손에게 고하여 이르라 너희는 내가 너희에게 주는 땅에 들어가서 너희의 곡물을 거둘 때에 위선 너희의 곡물의 첫 이삭 한 단을 제사장에게로 가져갈 것이요. 제사장은 너희를 위하여 그 단을 여호와 앞에 열납되도록 흔들되 안식일 이튿날에 흔들 것이며.
레23:15,16 안식일 이튿날 곧 너희가 요제로 단을 가져온 날부터 세어서 칠 안식일의 수효를 채우고, 제 칠 안식일 이튿날까지 합 오십 일을 계수하여 새 소제를 여호와께 드리되.
첫 번째는, 보리에 처음 낫을 댄 날 첫 곡식단을 제사장에게 가져오는 날, 이 날을 초실절이라고 합니다. 이 날은, 유월절의 안식일 다음날, 지금의 주일입니다.
두 번째는, 보리를 수확하기 시작하여 50일 되는 날입니다. 이 날은 보리 수확을 마치는 날로 맥추절, 칠칠절, 오순절 이라고 합니다.

초실절은 유월절(금)과 안식일(토)을 지내고 다음날(일)입니다.
유월절은 무슨 날입니까? 어린양이 죽은 날입니다. 예수님께서 십자가에 죽으시고 무덤에 들어가신 날입니다.
유월절과 그 다음날 안식일을 지나고 그 다음날인 초실절은 무슨 날입니까? 예수님이 죽으시고 3일후에 부활하신 날 바로 주일입니다. 할렐루야! 예수님께서 죽으심으로 우리의 죄를 해결하시고 다시 살아나신 날입니다.

세상의 모든 인생이 기~나긴 겨울, 사망의 잠을 자고 있는데, 예수님께서 사망에서 깨어, 부활의 첫 열매, 첫 알곡이 되신 날입니다. 할렐루야!

:20,22 이제 그리스도께서 죽은 자 가운데서 다시 살아 잠자는 자들의 첫 열매가 되셨도다. 아담 안에서 모든 사람이 죽은 것같이 그리스도 안에서 모든 사람이 삶을 얻으리라.
죄 없으신 예수님께서 죽은 자 가운데서, 살아나시므로 생명의 첫 열매가 되셨습니다. 예수님은 생명의 첫 열매 부활의 첫 열매이십니다.

:45 첫 사람 아담은 산 영이 되었다 함과 같이 마지막 아담은 살려주는 영이 되었나니.
우리의 속죄를 이루신 예수님은 살려주는 영이 되셨습니다. 예수님은 생명의 시작이십니다. 예수님은 예수님을 주님으로 영접하는 모든 사람들의 영혼을 살려 주십니다. 예수님을 시작으로, 세상에 생명의 열매가 계속 맺어지기 시작합니다.

성도는 첫 번째 이 땅에서 영혼이 살아난 영적인 부활의 열매입니다.
다음으로 예수님의 재림하실 때, 육신이 죽어 무덤에 있는 성도들이 부활하게 될 것입니다. 육신의 신령한 부활을 맞이하게 될 것입니다.
지금은 우리 몸이 힘들고 아프지만 다시 아픈 것이나 죽음이 없는 신령한 몸을 부활 때 가지게 될, 신령한 몸을 소망하시기 바랍니다.

요일 5:11~13 또 증거는 이것이니 하나님이 우리에게 영생을 주신 것과 이 생명이 그의 아들 안에 있는 그것이니라. 아들이 있는 자에게는

생명이 있고 하나님의 아들이 없는 자에게는 생명이 없느니라 내가 하나님의 아들의 이름을 믿는 너희에게 이것을 쓴 것은 너희로 하여금 너희에게 영생이 있음을 알게 하려 함이라.

예수님에게만 생명이 있습니다. 예수님에게만 부활이 있습니다.

예수님을 영접한 우리에게, 하늘의 생명이 있는 줄 믿으시기 바랍니다.

예수님 안에 들어오는 사람. 예수님의 십자가의 피를 믿는 사람.

예수님을 주님으로 영접하는 사람은 누구든지 부활의 생명을 얻게 됩니다. 예수님을 구주로 영접한 성도는 부활의 생명을 가진 줄 믿으시기 바랍니다. 할렐루야!

맥추감사주일

영원한 죄와 마귀와 사망의 권세 아래 있던 우리들이, 예수님의 십자가의 피를 믿는 믿음으로, 죄 사함 받고, 하늘의 생명을 얻게 되었음을 인해 감사하는 날입니다.

우리의 영이 날마다 성령님과 교통하며, 하늘의 생명을 갖고, 살게 되었음을 인해 감사하는 날입니다.

하나님의 자녀가 되었음을 인하여 감사하는 성도가 되시기 바랍니다.

31 깨어 의를 행하고

고전 15:33,34

예수님은, 예수님 자신의 문제 때문에 죽은 것이 아닙니다. 예수님은, 우리를 위해 내 문제를 위해서 죽으셨습니다. 우리의 영원한 죄와 저주와 형벌을 위해 죽으셨습니다. 할렐루야!

여러분, 우리의 소망이 무엇입니까? 우리가 무엇하러 교회에 나오셨습니까? 예수님 믿고 천국가려고 오셨습니까? 영적생활을 배우려고 오셨습니까? 하나님의 사랑과 은혜가 감사해서 나오셨습니까?

그런 줄 믿습니다...!!

교회는 계모임도 아니고 마을잔치도 아니지요. 혼자 있기 적적해서 친구 만나러 오는 것도 아닙니다. 내 자랑, 자식 자랑, 반대로 원망 불평하러 나온 자리는 더더욱 아닙니다. 그러나 어째든 교회에 나오십시오. 나와서 꼭 예수님을 만나시기 바랍니다. 아멘.

죄 없으신, 하나님의 독생자 예수님은, 죽으실 뿐만 아니라, 다시 살아나셨습니다.

:14 그리스도께서 만일 다시 살아나지 못하셨으면 우리의 전파하는 것도 헛것이요 또 너희 믿음도 헛것이며,

:17~19 그리스도께서 다시 살아나신 일이 없으면 너희의 믿음도 헛되고 너희가 여전히 죄 가운데 있을 것이요. 또한 그리스도 안에서 잠자는 자도 망하였으리니, 만일 그리스도 안에서 우리가 바라는 것이

다만 이세상의 삶뿐이면 모든 사람 가운데 우리가 더욱 불쌍한 자이리라.

예수님은 죄 없으신 하나님의 아들이십니다. 우리의 죄 값을 치루기 위해서 자신을 죽음에 내어 주셨지만 죄가 없으신 분이십니다. 죄가 없으시므로 사망이 붙잡고 있을 수 없습니다. 다시 살아나셨습니다.

예수님이 다시 살아나셨다는 말이 거짓이면, 우리 모두는 참으로 불행한 사람입니다. 지옥 형벌에 들어갈 것인데, 아니라고 착각하고 있는 꼴이 되는 것입니다. 잘 못된 믿음은, 아무리 오래 붙들고 있어도, 전혀 유익이 없습니다.

그러나 예수님은 분명히 죽으신 지, 사흘 후에 다시 살아나셨습니다.

마28:11~13 여자들이 갈 때 경비병 중 몇이 성에 들어가 모든 된 일을 대제사장들에게 알리니, 그들이 장로들과 함께 모여 의논하고 군인들에게 돈을 많이 주며, 이르되 너희는 말하기를 그의 제자들이 밤에 와서 우리가 잘 때에 그를 도둑질하여 갔다 하라.

예수님은 십자가에 죽으시고, 아리마대 사람 요셉이 자기를 위해 파 놓은, 돌무덤에 장사되었습니다. 그리고 제사장들은 큰 돌로 무덤 입구를 막고 봉인했습니다. 병사들을 시켜 무덤 앞을 굳게 지켰습니다.

그런데 사흘째 되는 날, 주일 새벽에 큰 돌문, 무덤 문이 스르르 열려졌습니다. 영광의 광채 가운데, 부활하신 예수님이 걸어 나오셨습니다.

무덤 문을 지키던, 병사들은 깜짝 놀랐습니다. 그리고 이 상황을 예루살렘 시내에 들어가 제사장에게 말했습니다. 제사장들은 병사들에게 돈을 많이 주고 거짓말을 하라고 시켰습니다.

'예수의 시체를 제자들이 몰래 훔쳐갔다고 말해라.'

그 거짓말이 퍼지기 시작한 것입니다. 그러나 예수님의 부활은 숨길 수 없습니다. 예수님의 무덤을 지키던 군병들 자신이 보았고, 마리아와 제자들에게 보이셨고, 500여 형제에게 보이셨고, 핍박하던 사울에게 보이셨고, 지금도 믿는 모든 성도 가운데서 함께 거하고 계십니다. 할렐루야!

예수님의 부활은 확실하고, 이제 잠자는 성도들의 부활도 확실합니다.

:13,20 만일 죽은 자의 부활이 없으면 그리스도도 다시 살아나지 못하셨으리라. 이제 그리스도께서 죽은 자 가운데서 다시 살아나사 잠자는 자들의 첫 열매가 되셨도다.

예수님이 다시 오실 때 성도는 신령한 몸으로 변화되어 천국에 들어갈 것입니다.

부활의 순서가 있습니다.

:23 각각 자기 차례대로 되리니 먼저는 첫 열매인 그리스도요 다음에는 그가 강림하실 때에 그리스도에게 속한 자(붙은 자)요. :26 맨 나중에 멸망 받을 원수는 사망이니라.

예수님은 말씀대로 다시 살아나셨습니다. 예수님은 부활의 첫 열매이십니다. 그리고 주님께서 재림하시는 그 날, 먼저 낙원에 가있는 성도의 영혼이, 주님과 같이 와서, 무덤에 있는 몸이 변화되어 신령한 몸을 입을 것입니다. 다음은, 지상에 살아있는 성도의 몸이 변화되어 신령한 몸을 입을 것입니다. 그리고 백보좌 심판과 함께 성도는 천국으로, 원수 마귀와 세상은, 지옥의 형벌로 들어가게 될 것입니다. 성도의 소망은, 예수님의 재림과 부활과 천국입니다. 속지 마시기 바랍니다.

:33,34 속지 말라 악한 동무들은 선한 행실을 더럽히나니, 깨어 의를 행하고 죄를 짓지 말라 하나님을 알지 못하는 자가 있기로 내가 너희를 부끄럽게 하기 위하여 말하노라.

잘못된 믿음을 가진 친구를 조심하십시오. 육신의 생각을 따라서 죄로 영혼을 망하게 합니다. 또한 이단에 속한 사람을 조심하십시오. 잘 못된 믿음으로 미혹하여, 지옥으로 끌고 가는 마귀의 종입니다.

우리의 믿음이 말씀위에 서 있는가, 항상 돌아 보셔야 합니다.

예수님은 반드시 다시 오십니다. 성도의 소망은 예수님의 재림입니다. 천국과 부활입니다. 성도가, 예수님의 재림과 천국을 믿고 사모한다면 깨어있어 의를 행하시기 바랍니다. 말로는 사모하고, 기다린다면서 준비하지 않으면, 만날 수 없습니다. 죄를 행하면서, 준비하지 않는 사람은 하나님을 알지 못하는 사람입니다. 등불 들고, 신랑을 기다린 슬기로운 다섯 처녀와 같이 예수님 만날 준비해야 합니다.

눅 17:20~35 노아의 때, 롯–처 소돔과 고모라, 재림–둘 중 하나.

준비하지 않고 세상에 마음을 두고 있으면, 버려집니다. 한 밤중에 도둑을 잡으려고 하는 사람처럼 깨어있어야 합니다. 주님을 사랑하는 마음으로 단장하고 있어야, 예수님을 만날 수 있습니다. 천국에 갈 수 있습니다. 깨어있어 기도하고 말씀에 따라 예수님 닮아 가십시오. 교회만 왔다 갔다 하면서 천국 갈 준비하지 않았다면 최고 불쌍한 사람입니다. 천국과 부활의 소망으로 죄를 이기며, 세상을 이기시기 바랍니다.

32 영원한 욕심

고전 15:40~44

우리가 교회에 나와서 해야 할 일이 있습니다. 그것은, 교회에 나와서 예수님을 만나야 합니다. (룻이 가나안에 와서 보아스를 만남같이)
죄를 깨닫고, 죄로 망하게 된 자기의 모습을 발견해야 합니다.
그래서 교회는 지옥에 가야할 죄인이 예수님을 믿고 죄 사함 받기 위해서 나오는 것입니다. 또한, 죄 사함 받은 은혜가 감사해서 하나님을 섬기려고 나오는 것입니다.
그래서 교회는 나의 부족함을, 나의 죄인 됨을 발견하는 곳입니다.
교회는 하나님의 방법을 발견하는 곳입니다. 교회는 예수님의 십자가를 말하는 곳입니다.
이제, 교회는 주님과 동행하는 사람들입니다. 그런 의미에서 고린도교회는 신앙생활에 실패하고 있었습니다. 우리는 고린도교회를 거울로 삼아서 신앙생활에 실패하지 말아야 합니다.

신앙생활은 결국 천국을 바라보는 것입니다.
살전 4:16,17 주께서 호령과 천사장의 소리와 하나님의 나팔로 친히 하늘로 좇아 강림하시리니 그리스도 안에서 죽은 자들이 먼저 일어나고, 그 후에 우리 살아남은 자도 저희와 함께 구름 속으로 끌어올려 공중에서 주를 영접하게 하시리니 그리하여 우리가 항상 주와 함께 있으리라.
천국을 소망하므로 신앙이 흔들리지 마시기 바랍니다.

:16~19 만일 죽은 자가 다시 사는 것이 없으면 그리스도도 다시 사신 것이 없었을 터이요. 그리스도께서 다시 사신 것이 없으면 너희의 믿음도 헛되고 너희가 여전히 죄 가운데 있을 것이요. 또한 그리스도 안에서 잠자는 자도 망하였으리니, 만일 그리스도 안에서 우리의 바라는 것이 다만 이생뿐이면 모든 사람 가운데 우리가 더욱 불쌍한 자리라.

흙에서 온 육체의 몸, 죄의 몸은 거룩한 천국에 갈 수 없습니다.
주님께서 재림하실 때, 우리 모두는 천국에 합당한 신령한 몸으로 변화될 것입니다. 연약한 육체, 죄의 몸을 갖고 있는 동안에 천국을 준비하는 것입니다.

:42~44 죽은 자의 부활도 이와 같으니 썩을 것으로 심고 썩지 아니할 것으로 다시 살며 욕된 것으로 심고 영광스러운 것으로 다시 살며 약한 것으로 심고 강한 것으로 다시 살며, 육의 몸으로 심고 신령한 몸으로 다시 사나니 육의 몸이 있은즉 또 신령한 몸이 있느니라.

세상사는 동안에 우리의 육체는, 죄로 인해 썩을 몸이요. 부끄러운 몸이요. 약한 몸입니다. 아무리 오래 살아도, 아무리 많은 것을 가졌어도, 아무리 건강해도, 힘들고, 어렵고, 고난이 있는 몸입니다.
그러나 우리 주 예수님은/ 우리 영혼을 위해, 더 좋은, 완전한, 영원한 몸, 신령한 몸을 예비해 주셨습니다. 세상에서는 힘들고 어려워도 썩지 아니하며, 영광스럽고, 강한 신령한 몸이 예비 되었으니, 소망의 신앙생활을 하시기 바랍니다.
예수님을 모신 성도는 하늘의 새 생명을 가진 줄 믿으시기 바랍니다.

하늘의 새 생명을 가진 성도는 어떤 사람입니까? 구원받은 성도가, 육체 가운데 사는 것은 육신을 즐기기 위해서 사는 것이 아닙니다.

눅 19:12,13 가라사대 어떤 귀인이 왕위를 받아 갖고 오려고 먼 나라로 갈 때에 그 종 열을 불러 은 열 므나를 주며 이르되 내가 돌아오기까지 장사하라 하니라.

고후 5:15 저가 모든 사람을 대신하여 죽으심은 산 자들로 하여금 다시는 저희 자신을 위하여 살지 않고 오직 저희를 대신하여 죽었다가 다시 사신 자를 위하여 살게 하려 함이니라.

십자가의 보혈을 우리를 구원하신 주님은, 내 모든 것의 주님이십니다. 성도는 주님께서 주인이심을 알고 인정해 드리는 사람입니다.

지금 성도가 갖고 있는 시간, 재물, 명예, 재능은 내 영혼을 위해서, 예수님을 위해서 장사하여 이익을 남기기 위한 것입니다.

성도는 자기의 영혼을 위해, 예수님을 위해, 이익을 남기는 생활을 해야 합니다. 성도가 주님을 사랑하며, 말씀을 따라 사는 신앙생활은 천국과 천국의 상급을 바라보는 소망과 수고와 충성의 생활입니다.

부활의 신령한 몸이 가질 영광이 있습니다. 주님께서 주실 것입니다.

:41 해의 영광이 다르고 달의 영광이 다르며 별의 영광도 다른데 별과 별의 영광이 다르도다.

계 22:12 보라 내가 속히 오리니 내가 줄 상이 내게 있어 각 사람에게 그의 일한 대로 갚아주리라.

부활 때의 영광에 욕심이 있습니까? 부활의 영광에 욕심을 갖기 바랍니다. 천국을 준비하신 주님께서는 상급을 준비하고 계십니다. 그런데, 천국의 칭찬과 상급은 누구나 같을 수 없습니다. 천국의 칭찬과 상급은 각각 다릅니다. 다 다르도다. 다 다릅니다. 주님의 은혜에 감사하고 헌신하고 충성한 신앙생활은 주님 앞에 갔을 때, 영광으로 나타나게 될 것입니다. 예배와 말씀과 기도로 예수님을 닮아가고 말없이 헌신하고, 열심과 충성으로 주의 나라와 그 의를 구하며 살아온 우리의 신앙생활은 부활 때, 우리의 모습입니다.
함께 신앙생활을 해도 어떤 사람은 천국에서 영광스런 모습으로 나타날 것입니다. 어떤 사람은 부끄러운 모습으로 나타날 것입니다.
천국의 영광을 욕심낼 줄 아시기 바랍니다.

주님의 복음을 전함으로, 또 한 영혼을 살려 구원하며, 천국의 영원한 칭찬과 상급을 준비하시기 바랍니다.

33 너희 수고가

고전 15:57,58

예수님의 죽으심을 우리 죄를 위한 대속의 죽으심이요. 예수님의 부활하심은 죄를 용서받은 우리에게, 부활이 있음을 예표하는 사건입니다. 예수님께서 재림하실 때, 모든 성도는 신령한 몸으로 부활하여, 영원한 천국에 이르게 될 것입니다.

우리는 담대하게 외칩니다.
:55,56 사망아 너의 이기는 것이 어디 있느냐 사망아 너의 쏘는 것이 어디 있느냐. 사망의 쏘는 것은 죄요 죄의 권능은 율법이라.
모든 사람이 다 죄인이기 때문에 율법을 지켜서 의롭게 될 사람은 한 사람도 없습니다. 율법은 죄를 가진 자에게 사망을 선포합니다.
그러나 예수님께서 우리를 대신하여 율법의 죄와 사망을 담당하셨습니다. 사망은 예수님십자가의 죽음심과 부활에서 패배하였습니다.

:51~53 보라 내가 너희에게 비밀을 말하노니 우리가 다 잠잘 것이 아니요 마지막 나팔에 순식간에 홀연히 다 변화하리니, 나팔 소리가 나매 죽은 자들이 썩지 아니할 것으로 다시 살고 우리도 변화하리라.
이 썩을 것이 불가불 썩지 아니할 것을 입겠고 이 죽을 것이 죽지 아니함을 입으리로다.
–사망아! 지금은 네가 육체 가운데서 아무리 까불어도, 내게는 영원한 생명, 신령한 몸이 준비되어 있다.

이래봬도 우리는 사망을 비웃는 사람들입니다.

:57 우리 주 예수 그리스도로 말미암아 우리에게 이김을 주시는 하나님께 감사하노니.

성도는 예수님을 믿는, 믿음 안에서 승리했습니다.

:58 그러므로 내 사랑하는 형제들아 견고하며 흔들리지 말며 항상 주의 일에 더욱 힘쓰는 자들이 되라 이는 너희 수고가 주 안에서 헛되지 않은 줄을 앎이니라.

믿음을 견고히 하십시오.

:2~4 너희가 만일 나의 전한 그 말을 굳게 지키고 헛되이 믿지 아니하였으면 이로 말미암아 구원을 얻으리라. 내가 받은 것을 먼저 너희에게 전하였노니 이는 성경대로 그리스도께서 우리 죄를 위하여 죽으시고, 장사지낸 바 되었다가 성경대로 사흘 만에 다시 살아나사.

내 죄를 위해 죽으시고, 장사지낸 바 되었다가, 사흘만에 살아나셨습니다. 예수님으로 우리의 죄가 해결되었습니다. 할렐루야!

흔들리지 마십시오.

:12 그리스도께서 죽은 자 가운데서 다시 살아나셨다 전파되었거늘 너희 중에서 어떤 이들은 어찌하여 죽은 자 가운데서 부활이 없다 하느냐.

부활과 천국의 소망을 불신의 생각에 빼앗기지 마십시오.

항상 주의 일에 더욱 힘쓰시기 바랍니다.

주님을 위한 일, 교회를 위한 일, 복음을 위한 일에 멀찍이 구경하지 마십시오. 교회를 사랑하고, 형제를 사랑하며, 복음을 전하십시오. 주님을 위한 일은 그 수고가 헛되지 않습니다. 분명한 칭찬과 상급이 있습니다. 주님이 우리에게, 갚아주실 것입니다.

34 연보

고전 16:1,2

:1 성도를 위하는 연보에 관하여는 내가 갈라디아 교회들에게 명한 것 같이 너희도 그렇게 하라.

행 11:28에 보면 글라우디오 황제 때에 흉년이 들 것이라는, 아가보의 예언이 전해지고 있고, 글라우디오 황제(A.D 41~54)때 흉년은 44~48년까지 로마제국과 유대 곳곳에서 나타났습니다.

이러한 상황에서 바울은 갈라디아 교인들이 예루살렘 교인들을 도운 것처럼(갈 2:10) 고린도 교인들도 곤궁에 처한 예루살렘 형제들을 도우라고 권면합니다.

연보란, 헌금을 말합니다. 헌금은 주님의 십자가의 사랑에 기초하여, 하나님께 드리는 예물입니다.

"지금 주님을 향한 내 마음입니다." = 내 마음을 드리는 것입니다.

헌금은 댓가를 바라고 또는 댓가를 바라지 않고 그냥 주는 돈이 아닙니다. 헌금은 하나님의 사랑, 구원하신 하나님의 은혜에 감사, 예수님의 피에 대한 감사 예물입니다.(출 12:17=23:15, 눅 5:14)

헌금의 방법은?

:2 매주 첫날에 너희 각 사람이 수입에 따라 모아 두어서 내가 갈 때에 연보를 하지 않게 하라.

헌금은, 매주 첫날 평소에 정성껏 준비해서, 주일에 드리는 것입니다.

갑자기 생각 없이 하는 것이 아닙니다.

각 사람이 각자의 형편대로, 수입에 따라
예배에는 예물이 있다. 매 주일 예물을 준비하는 것입니다.
감사헌금. 주일헌금. 절기헌금. 선교헌금 특별헌금.
십일조-천원, 오천원, 만원, 십만원... 십일조는 많고 적고 관계없다.

고후 9:5~10 그러므로 내가 이 형제들로 먼저 너희에게 가서 너희가 전에 약속한 연보를 미리 준비하게 하도록 권면하는 것이 필요한 줄 생각하였노니 이렇게 준비하여야 참 연보답고 억지가 아니니라. 이것이 곧 적게 심는 자는 적게 거두고 많이 심는 자는 많이 거둔다 하는 말이로다. 각각 그 마음에 정한 대로 할 것이요 인색함으로나 억지로 하지 말지니 하나님은 즐겨 는 자를 사랑하시느니라. 하나님이 능히 모든 은혜를 너희에게 넘치게 하시나니 이는 너희로 모든 일에 항상 모든 것이 넉넉하여 모든 착한 일을 넘치게 하게 하려 하심이라. 기록된 바 그가 흩어 가난한 자들에게 주었으니 그의 의가 영원토록 있느니라 함과 같으니라. 심는 자에게 씨와 먹을 양식을 주시는 이가 너희 심을 것을 주사 풍성하게 하시고 너희 의의 열매를 더하게 하시리니. 그러므로 인색함이나, 억지로 하지 마라.
갈 6:7,8 6:7 스스로 속이지 말라 하나님은 업신여김을 받지 아니하시나니 사람이 무엇으로 심든지 그대로 거두리라. 자기의 육체를 위하여 심는 자는 육체로부터 썩어질 것을 거두고 성령을 위하여 심는 자는 성령으로부터 영생을 거두리라.

헌금, 마음에 정한대로, 미리 준비하되 즐겨내는 자를 사랑하십니다.
하나님의 사랑과 피의 감사를 아는 분량이다. 이것이 참 헌금이 된다.
고후 8:5 우리가 바라던 것뿐 아니라 그들이 먼저 자신을 주께 드리고

또 하나님의 뜻을 따라 우리에게 주었도다.

마 6:24 한 사람이 두 주인을 섬기지 못할 것이니 혹 이를 미워하고 저를 사랑하거나 혹 이를 중히 여기고 저를 경히 여김이라 너희가 하나님과 재물을 겸하여 섬기지 못하느니라.

– 헌금은 재물이 많아도 드리고, 적어도 드리는데, 많다고 많이 드리고, 적다고 적게 드리는 것이 아니다. '나는 주님의 것입니다.' 라는 믿음의 고백이 있는 성도가 풍성히 드릴 수 있다.

'돈' 소리만 들으면 긴장하시는 분들이 있습니다. '교회 가니까 돈 이야기만 하더라' 하는 말이 교회에 대한 비판의 소리라는 것도 잘 알고 있습니다.

종교 개혁자 칼빈은 이런 말을 남겼습니다. "우리의 문제는 교회에서 돈에 대해 너무 많이 이야기하는 것에 있는 것이 아니라 돈에 대해서 바르게 이야기하지 않는 것에 있다."

존 웨슬리도 비슷한 말을 남겼습니다. "나는 주머니가 회개하지 않는 사람의 회개를 믿을 수 없다." 복음을 듣고서 회개하고, 예수 그리스도를 영접하여 새사람이 되었다면 제일 먼저 변화가 있어야 할 삶의 영역 중의 하나가 '돈의 사용처' 입니다. 경제생활은 우리의 가치관이 민감하게 반영되는 영역입니다.

더군다나 하나님에 대한 사랑이 생겼고, 하나님 앞에 정말 감사하게 나 자신을 드리고 싶다고 할 때 그의 헌금 생활의 태도가 달라지지 않을 수 없습니다. 그래서 '헌금' 이라는 것은 한 사람이 어느 정도로 헌신하는지를 보여주는 상징이라고 생각합니다. 헌금 행위야말로 우리의 헌신 행위의 본질을 명확하게 보여줍니다. 돈의 씀씀이를 알면 그 사람을 알 수 있습니다. 우리의 돈 쓰임새야말로 우리의 인생관, 가치관, 세계관을 대변해주는 삶의 영역이라고 말할 수 있습니다. 참된 헌금은 내 삶의 주인이신 하나님께 대한 응답입니다. 살아계신 하나님을 생각하는 의식의 결정체가 우리의 헌신이어야 하고 우리의 헌금이어야 합니다. –(쉽게 풀어 쓴 마가복음 이야기. 이동원)

– 연보(헌금)는 주님의 십자가의 사랑에 감~사함으로 드리는, 감사의 예물이며, 주님의 일을 수종 드리고자 드리는, 충성의 예물이다.

헌금은/ 천국에 쌓는 예물이다.

마 6:19~21 너희를 위하여 보물을 땅에 쌓아 두지 말라 거기는 좀과 동록이 해하며 도둑이 구멍을 뚫고 도둑질하느니라. 오직 너희를 위하여 보물을 하늘에 쌓아 두라 거기는 좀이나 동록이 해하지 못하며 도둑이 구멍을 뚫지도 못하고 도둑질도 못하느니라. 네 보물 있는 그 곳에는 네 마음도 있느니라.

이렇게 주님께 드릴 때 헌금은 심는 것이 된다. 심는 자에게 씨와 먹을 양식을 더 풍성히 주십니다.(고후9:10)

35 믿음에 굳게 서서

고전 16:13,14

:13,14 깨어 믿음에 굳게 서서 남자답게 강건하여라. 너희 모든 일을 사랑으로 행하라.

성령으로 행하지 않고, 육체를 따라 행하므로 하나 되지 못한 고린도 교회에, 사랑 안에서 하나 되고, 부활의 소망과 천국을 바라보므로 하나 되고 충성하라고 말씀하십니다.

우리는 예수님의 십자가의 피로 구원받은 하나님의 자녀들입니다. 우리의 공로로는 구원받을 조건이 하나도 없습니다. 성도는 주님의 십자가의 사랑 안에서 하나 되어야 합니다.

우리는 천국에서 영원히 함께 할 하나님의 자녀들입니다. 부활의 소망과 천국을 바라보므로 하나가 되시기 바랍니다. 우리는 육체의 욕심을 따라 나누어지고, 흩어질 것이 아니라, 성령안에서 하나 되어야 합니다.

사랑 안에서 하나 된 성도의 모습은 어떤 모습입니까?

재물로 어려움에 처한 형제들과 교회를 도와주라고 권면합니다. 그리고, 복음을 위해 수고하는 주의 종들을 대접하고, 도와주고, 협력하라고 말씀하고 계십니다.

:10 디모데가 이르거든 너희는 조심하여 저로 두려움이 없이 너희 가운데 있게 하라 이는 저도 나와 같이 주의 일을 힘쓰는 자임이니라.

디모데 목사의 임무는, 고린도 교회에 발생한 분쟁을 바로잡고, 그리스도의 십자가의 죽으심과 부활하심의 도리를 바르게 가르치는 것입니다. 이때, 디모데는 젊은 목회자였습니다(딤전 4:12). 이에 반해 고린도 교회의 분쟁은 매우 심각했습니다. 디모데가 연소하다는 것 때문에 그가 전하는 복음까지도 그릇되게 받아 들여질까봐 이를 경계하고 있습니다. 디모데는 젊지만 복음을 위해 헌신적으로 사역한 자로서(롬 16:21, 빌 2:20) 고린도 교회에 보낼 가장 적합한 사람이었습니다.

교회에서 성도나 직분자가 나이가 많고, 목회자가 나이가 적을 수도 있습니다. 그러나 하나님의 말씀은 직분이나 나이 때문에 막히거나, 거절되거나, 판단되어서는 안 됩니다. 오히려 성도는 성숙한 나이나 직분으로 인하여 하나님의 말씀 앞에 더욱 아멘하고, 믿음으로 받아들이며, 순종해야 합니다.

:11 그러므로 누구든지 저를 멸시하지 말고 평안히 보내어 내게로 오게 하라 나는 저가 형제들과 함께 오기를 기다리노라.

디모데를 통한 말씀을 듣고 변화되어 에베소에 바울에게로 함께 오기를 기대하고 있다.

그럼, 우리가 주님 앞에 어떻게 수고하며, 어떻게 충성해야 합니까?

:13,14 깨어 믿음에 굳게 서서 남자답게 강건하여라. 너희 모든 일을 사랑으로 행하라

주의 재림하심과 부활의 믿음에서 흔들리지 말고 굳게 서서, 아름답게 충성하라.

모든 일을 사랑으로 행하라. 사랑 안에서 행하라. 사랑은 수단이 아니라, 행동 그 자체이어야 합니다. 주님의 교회 가운데서 행하는 모든 일, 봉사는 사랑으로 해야 합니다. 사랑으로 행하지 않으면 무엇인가 하기는 하지만 자기에게 아무 유익이 없습니다. 헛된 자랑과 교만이 될 뿐입니다.

이렇게 성령 안에서 사랑으로 하나 되어 충성하므로, 주님의 교회가 든든히 서가고/ 주님의 나라가 확장되어가며, 주님 앞에 섰을 때 참으로 잘했다 칭찬과 상 받게 될 것입니다.

:10,11 디모데가 이르거든 너희는 조심하여 저로 두려움이 없이 너희 가운데 있게 하라 이는 저도 나와 같이 주의 일을 힘쓰는 자임이니라.

그러므로 누구든지 저를 멸시하지 말고 평안히 보내어 내게로 오게 하라 나는 저가 형제들과 함께 오기를 기다리노라.

:15~19 형제들아 스데바나의 집은 곧 아가야의 첫 열매요 또 성도 섬기기로 작정한 줄을 너희가 아는지라 내가 너희를 권하노니, 이같은 자들과 또 함께 일하며 수고하는 모든 자에게 복종하라. 내가 스데바나와 브드나도와 아가이고의 온 것을 기뻐하노니 저희가 너희의 부족한 것을 보충하였음이니라. 저희가 나와 너희 마음을 시원케 하였으니 그러므로 너희는 이런 자들을 알아 주라. 아시아의 교회들이 너희에게 문안하고 아굴라와 브리스가와 그 집에 있는 교회가 주 안에서 너희에게 간절히 문안하고.

주님 앞에 충성하는데, 모든 성도는 목회자를 중심으로 교회 일을 이루어 나가십시오. 그래야 교회가 하나 되어 움직일 수 있습니다. 사공이 많으면 배가 산으로 갑니다. 배가 깨지고 침몰되고 맙니다.

목회자의 실제적인 위로와 도움이 되시고 순종과 복종하시기 바랍니다.(히 13:17) 그래야 주님의 교회가 세워지는 것입니다.

복음 전하기를 힘쓰십시오. 특히 가족 구원에 힘쓰십시오. 스데바나는 아덴에서 바울에게 복음을 듣고 구원 받았습니다. 그리고 그 가족이 다 믿고 구원 받았습니다.
그리고 직분자는 성도를 섬기십시오. 병든 자, 가난한 자를 돌보고 내 것을 드려, 희생하며 주님의 교회를 세우십시오.

마지막으로 권면하며, 경고하는 말씀입니다.
:22 만일 누구든지 주를 사랑하지 아니하면 저주를 받을지어다 우리 주여 오시옵소서.

교회 치유 복음

고린도후서

36 고난이 있을 때

고후 1:9~11

세상 가운데 있는 교회를 전투하는 교회라고 합니다.
그것은, 죄와 마귀의 세력이 하나님의 자녀들과 교회를 넘어뜨리려 하기 때문입니다. 그래서 지상의 교회는 죄와 싸워야합니다. 세상과 육신과 마귀와 싸워야하고, 이겨야 합니다.
그러면, 하늘의 영광스런 교회에 참여하게 될 것입니다. 하늘의 교회는 영광스런 교회가 될 것입니다. 죄와 마귀의 세력을 대적하여 싸워서 이기고, 승리했기 때문입니다. 성도는, 죄와 마귀의 세력과 싸워서 이기고, 영광에 참여해야 합니다. 승리한 성도는 영원한 천국의 영광에 참여하게 될 것입니다.

성도가, 신앙생활에서 당하는 고난과 핍박을/ 어떻게 감당해야 합니까?
고린도 교회는 내적으로, 외적으로 많은 고난이 있었습니다.
바울은 자신이 당하고 있는 고난을 말하면서 고린도 교회를 위로합니다. 바울은 소아시아 지방에서 전도여행을 하는 중에 많은 고생을 했습니다.
그 환란이 무엇인지 확실하지는 않지만,

:8,9 형제들아 우리가 아시아에서 당한 환난을 너희가 모르기를 원하지 아니하노니 힘에 겹도록 심한 고난을 당하여 살 소망까지 끊어지고, 우리는 우리 자신이 사형 선고를 받은 줄 알았으니.

그러나 바울은 이런 환란을 통하여, 하나님을 의뢰하는 믿음을 배우게 되었습니다.

:9,10 ... 이는 우리로 자기를 의지하지 말고 오직 죽은 자를 다시 살리시는 하나님만 의지하게 하심이라. 그가 이같이 큰 사망에서 우리를 건지셨고 또 건지실 것이며 이 후에도 건지시기를 그에게 바라노라.

우리의 고난은 하나님을 의지하라는 싸인입니다.
이것을 깨달은 바울은 환란을 당할 때마다, 하나님을 의지하므로, 하나님의 도우심을 체험하게 되었습니다. 우리의 신앙생활은 하나님의 도우심으로 하는 것입니다. 내가 하나님의 일을 하는 것 같지만 실상은 하나님께서 우리를 쓰시는 것입니다. 교회가 하나님의 일을 하는 것 같지만 실상은 하나님께서 교회를 쓰시는 것입니다.
우리는 주님이 우리를 잘 쓰실 수 있도록 잘 내어드려야 합니다. 주님께 잘 쓰여 지는 것이 축복입니다.

우리는, 자신의 힘이 연약하다는 것을 깨달을 때, 하나님을 의지하기 시작합니다. 성도가 일부러 고난을 원할 것은 아니지만, 고난은 자신을 돌아보며, 하나님 앞으로 가까이가게 하는데 분명한 유익이 있습니다.
롬5:3,4 우리가 환난 중에도 즐거워하나니 이는 환난은 인내를, 인내는 연단을, 연단은 소망을 이루는 줄 앎이로다.

성도가 세상에서 많은 고난을 당합니다.(영혼의 문제, 육체의 연약함, 가정의 문제, 사업, 직장의 문제, 사람들 사이의 문제) 그럼에도 많은 고난을 극복하며, 오히려 힘차게 살아갈 수 있는 것은, 주님의 사랑이 있기 때문입니다. 세상의 즐거움과 고통은 안개처럼 잠깐 있다가 없고,

없다가도 있습니다.
그러나 예수님의 사랑과 은혜는 변함이 없습니다. 영원한 것입니다.

예수님을 믿고 따르는 성도에게는 마귀의 역사로 말미암아, 꼭 고난과 핍박이 찾아옵니다. 천국의 소망 때문에 인내가 요구됩니다.
이 모든 고난을 성령의 은혜로 참고 견디며 이길 수 있음을 믿으시기 바랍니다. 성령님이 감당할 힘과 능력을 주십니다. 은사를 주십니다.
언제나 성령님과 동행하시고/ 성령님과 함께 승리하시기 바랍니다.

금이 용광로에서 여러 번 단련됨으로써 정금이 만들어집니다.
성도는 영원한 천국과 부활의 소망을 갖고, 여러 가지 시험과 환난을 참고 견딤으로써 주님의 형상으로 온전케 됩니다.
그래서 고난을 소망을 갖고 인내하십시오.
고난은= 장래에 천국의 영광, 부활의 영광, 예수님과 닮은 영광을 주기 위한 것입니다. 이렇게 고난 받는 자를 위로하시고, 영광으로 갚아주시는 것은, 하나님의 공의이십니다.

고난이 있습니까? 예수님을 생각하십시오. 하나님의 아들이신 예수님께서, 고난을 받으심은, 우리에게 위로로 줍니다. 예수님의 사역에서
- 안으로는, 제자 가룟 유다의 배신이 있었습니다. –밖으로는, 바리새인, 사두개인으로부터 당하는 고난이 있었습니다.
그러나 예수님은 고난으로, 온 인류를 구원하셨으며, 부활의 영광을 누리게 되었습니다.
살후 1:4~8 너희가 견디고 있는 모든 박해와 환난 중에서 너희 인내와 믿음으로 말미암아 하나님의 여러 교회에서 우리가 친히 자랑하노라.

이는 하나님의 공의로운 심판의 표요 너희로 하여금 하나님의 나라에 합당한 자로 여김을 받게 하려 함이니 그 나라를 위하여 너희가 또한 고난을 받느니라. 너희로 환난을 받게 하는 자들에게는 환난으로 갚으시고, 환난을 받는 너희에게는 우리와 함께 안식으로 갚으시는 것이 하나님의 공의시니 주 예수께서 자기의 능력의 천사들과 함께 하늘로부터 불꽃 가운데에 나타나실 때에, 하나님을 모르는 자들과 우리 주 예수의 복음에 복종하지 않는 자들에게 형벌을 내리시리니.
지상의 교회는 전투하는 교회입니다.

우리를 낙심시키고, 믿음을 빼앗아가려는 고난을 어떻게 할까요?
①믿음 안에서 고난은 나만 당하는 일이 아닙니다. 모든 성도에게 이 고난이 있음을 알고 낙심하지 말아야 합니다.
②성령님을 의지하십시오. 성령님의 위로, 은혜와 은사를 의지하십시오.
③천국의 안식과 칭찬과 상급으로 바라봄으로 감당하고 인내하십시오.
④천국의 영원한 영광으로 갚아주실 것입니다.

:11 너희도 우리를 위하여 간구함으로 도우라 이는 우리가 많은 사람의 기도로 얻은 은사로 말미암아 많은 사람이 우리를 위하여 감사하게 하려 함이라.
목사가 복음을 전할 때, 교회 안에서 욕심과 오해로 인한 배신이 나타날 수 있습니다. 교회 밖에서 핍박이 나타날 수 있습니다. 목사의 수고는 성도를 온전히 세우기 위한 것입니다. 목회자가 고난으로 인하여 낙심치 않도록, 힘들게 하지 말고 기도하고, 협력하므로 사역을 도와주십시오.

37 주 예수의 날에

고후 1:11~14

주님께서는 목회자들의 마음에 소원을 주시지요. 그것은, 성도들의 신앙이 성장하고 주님의 교회가 아름답게 세워져 나가는 것입니다. 서로 사랑하며, 예수님을 닮아가는 것입니다. 성령의 열매를 맺는 것입니다. 이렇게 성장하고, 성숙되어져서 세상의 소금과 빛이 되며, 주님이 원하시는 복음전도의 사명을 아름답게 수종 들고, 하나님께 영광이 되길 원하는 것입니다.

이렇게 된다면, 그 결과로는,

:14 우리 주 예수의 날에는 너희가 우리의 자랑이 되고 우리가 너희의 자랑이 되는 그것이라.

고린도 교회를 대하는 바울의 모습을 이렇게 말하고 있습니다.

:12 우리가 세상에서 특별히 너희에 대하여 하나님의 거룩함과 진실함으로 행하되 육체의 지혜로 하지 아니하고 하나님의 은혜로 행함은 우리 양심이 증언하는 바니 이것이 우리의 자랑이라.

바울은, 하나님 앞에서 거룩함과 진실함으로 목회를 했습니다. 육체의 지혜로 행하지 않고 하나님의 은혜로, 성령을 따라 행했다고 말합니다.

주님의 일을 하는데 육체의 지혜, 세상의 지혜(고전 1:20;2:6;3:19), 인간의 지혜로(고전 2:5) 할 수 있습니다. 그러나 이것은, 자신을 신뢰케

함으로, 사리사욕에 빠지게 하기 쉽고, 결국은 자기 파멸로 이끌고 갑니다(롬 8:5, 6). 하나님의 은혜는 성령의 은혜로, 성도를 예수님의 제자로 세우는 것입니다.(6:1) 고린도 교회에 대한 바울의 사역은 예수님의 십자가를 주고 싶고, 성령의 은사와 예수님의 부활의 생명을 주고 싶은 사역이었습니다.

교회에서 성도들은 목회자가 무엇을 주고 싶어 하는 가를 잘 알아야 합니다. 그래야, 오해가 생기지 않습니다. 어떤 성도는 당장 필요한 육체의 것들을 생각합니다.(물질과 건강과 명예, 욕심과 고집과 체면)
그런데 목사는 예수님의 십자가의 은혜를 주고 싶고, 부활의 생명을 주고 싶어 합니다.
누가 신앙생활을 잘하는 사람입니까? 예수님의 사건을 내 것으로 가지는 사람입니다. 예수님의 오심, 십자가 고난, 부활의 사건을 자기 것으로 가지는 사람입니다.
그래서 성도가 예수님의 제자가 되고, 이렇게 성장하여 주님의 일에 기도와 순종으로 협력한다면, 주님 앞에 섰을 때, 성도들은 목회자의 영광이 될 것입니다.
목사가 혼자서 일 할 수 없습니다. 성도는 멀리서 구경꾼이 되지 말고 협력자가 되어야 합니다. 목회자도 성도들의 협력이 필요하다는 것입니다.

:11 너희도 우리를 위하여 간구함으로 도우라 이는 우리가 많은 사람의 기도로 얻은 은사를 인하여 많은 사람도 우리를 위하여 감사하게 하려 함이라.
목회자는 성도들의 기도를 통하여 더 많은 은사를 받고, 충성할 수 있습니다. 목회자는 성도들의 순종으로 힘을 얻고, 더 많은 사람을 믿음으로 세울 수 있습니다. 그래서 성도들은, 목사를 위해서 더 많이 기도해 주시기 바랍니다. 내 기도도 못하는데 무슨 기도를 해드립니까? 그래도 기도해 주셔야 합니다.
바울도 성도들의 기도를 요구했다면 저에게는 성도의 기도가 더 많이 필요할 것입니다. 목사를 위해 기도해 주시기 바랍니다. 많은 은사가 풍성하도록, 기도해 주시기 바랍니다.

우리는 수고와 희생은 끝나고 없어지는 것이 아닙니다. 목사의 수고로 성도가 아름답게 세워질 때 성도는, 주님 앞에서 목사의 영광입니다. 또한 성도들의 수고와 협력으로 교회가 아름답게 세워질 때, 이것은 예수님 재림하시는 날에 교회는 성도의 영광이 될 것입니다.

- 목사는, 성도들이 말씀에 따라서 아름답게 성장하면 좋겠다. 목사는 성도들이 말씀에 따라서 기도하며, 예수님을 닮아가며 온유와 겸손으로 충성했으면 좋겠다.
- 성도들은, 내 기도로 목사님이 더 많은 은사를 받고 힘 있게 주님의 일하면 좋겠다. 내 열심과 충성으로 주님의 일을 아름답게 이루어 나갔으면 좋겠다.

이런 소원으로 서로 사랑하며, 서로 하나 되어 주님의 교회를 세워가기 원합니다.

그래서 성도는 자기의 신앙성장을 인하여, 목회자는 주님의 일을 아름답게 이루어감을 인하여, 성도는 목사님을 만난 것이 목사는 성도님을 만난 것이 "내 평생의 감사요, 기쁨이요, 축복이었습니다." 라고 말할 수 있는 관계가 되었으면 좋겠습니다.
또, 이렇게 협력하여 교회를 이루어 나간다면, 성도와 목회자는 주님 앞에 섰을 때, 서로가 서로의 자랑이 되고, 영광이 될 것입니다.

목사와 성도의 만남이 주님의 형상을 이루어가며 주님의 뜻을 이루어 가는, 감사요. 기쁨이요. 축복이 되게 해 주세요.

38 아멘하여

고후 1:20~22

성도와 목회자는 사랑으로 아름다운 교제를 이루어야 합니다.

육적인 것도 중요하겠지만, 영혼을 성공시키려는 사랑의 교제가 있어야 합니다. 그래서,

:14 우리 주 예수의 날에는 너희가 우리의 자랑이 되고 우리가 너희의 자랑이 되는 그것이라. 이렇게 만들어져 가야 합니다.

본문을 보면 별것 아닌 일로 문제가 생겼습니다.

바울이 고린도 교회를 방문하려는 계획이 약간 변경되었다는 것입니다.

고전 16:5 내가 마게도냐를 지날 터이니 마게도냐를 지난 후에 너희에게 가서.

처음 계획은 에베소→ 마게도냐→ 고린도→ 예루살렘 이었는데,

:15,16 내가 이 확신을 갖고 너희로 두 번 은혜를 얻게 하기 위하여 먼저 너희에게 이르렀다가, 너희를 지나 마게도냐로 갔다가 다시 마게도냐에서 너희에게 가서 너희의 도움으로 유대로 가기를 계획하였으니.

계획을 약간 변경했는데, 에베소→ 고린도→ 마게도냐→ 고린도→ 예루살렘.

바울은, 고린도교회에 두 번 지나가면서 더 많은 말씀과 은혜를 나누어 주기를 원했습니다. 그런데 고린도교회 성도들은 바울을 보고, 변덕쟁

이요, 믿지 못하겠다고 비판합니다.

사도가 두 번 들린다는데 이 일이 서운해야 할 일입니까?
변덕쟁이라서 믿지 못할 사람이라고 해야 할 일입니까?
바울의 사랑의 마음을 알고 더 감사해야지 않겠습니까??
오해하는 사람은 언제나 오해하고, 감사하는 사람은 언제나 감사합니다. 우리는 언제나 감사하는 성도가 되시기 바랍니다.

:15 너희로 두 번 은혜를 얻게 하기 위하여. 여기서 생각해 보시지요.
예배 설교를 '5분 일찍 끝내세요! 5분 늦게 끝내세요!', '1시간 안에 끝내세요' 이런 말은, 영적인 유익을 전혀 생각하는 것이 아닙니다.
목사는 주고 싶은데 성도는 바쁘니까 일찍 끝내세요. 이런 모습은 영혼을 생각하지 않고, 육신만 생각하는 불행한 모습입니다.
애기엄마가, 애기에게 잠깐 1분간 젖을 물리고 빼겠습니까?
배부를 때까지 먹으라고 10분간 물려주겠습니까? 이것이 엄마의 마음이지요! 목사도 영적인 양식을 풍족히 주고 싶은 것입니다. 성도의 생각보다, 내가 풍족히 주었다고 느낄 때까지 주고 싶은 것입니다. 이것을 오해로 받지 마시고, 감사로 받으면 좋겠습니다.

주일 오전예배 만 아니라 오후예배에도 참석하십시오. 수요예배에도 참석하십시오. 그러면 '예' 하면, 얼마나 좋습니까?
- 목사님, 오전에 참석하는 것만도 감사해야지, 오후까지는 목사님 욕심이 과하십니다!! 수요예배는 더 안 됩니다!!

그러면, 육신은 좋을지 모르지만 그 영혼은 누가 책임집니까?
자기는 잘하고 있는 것 같지만 실상은 전혀 잘 못하고 있는 말이지요.

그리고 새벽예배 나는 새벽에 집에서 기도합니다.. 그러잖아요.

히 4:15,16 우리에게 있는 대제사장은 우리의 연약함을 동정하지 못하실 이가 아니요 모든 일에 우리와 똑같이 시험을 받으신 이로되 죄는 없으시니라. 그러므로 우리는 긍휼하심을 받고 때를 따라 돕는 은혜를 얻기 위하여 은혜의 보좌 앞에 담대히 나아갈 것이니라.

막 11:17 이르시되 기록된 바 내 집은 만민이 기도하는 집이라 칭함을 받으리라고 하지 아니하였느냐.

주님은 은혜 주시려고, 은혜의 보좌에서 기다리시는데, 나는 안방에서 합니다... 아닙니다.

:15~17 내가 이 확신을 갖고 너희로 두 번 은혜를 얻게 하기 위하여 먼저 너희에게 이르렀다가, 너희를 지나 마게도냐로 갔다가 다시 마게도냐에서 너희에게 가서 너희의 도움으로 유대로 가기를 계획하였으니, 이렇게 계획할 때에 어찌 경솔히 하였으리요 혹 계획하기를 육체를 따라 계획하여 예 예 하면서 아니라 아니라 하는 일이 내게 있겠느냐.

너희에게 좋은 것을, 더 주고 싶은 것이 내 심정이지, 내 육신의 이익을 얻으려고 그랬겠느냐! 아니다.

:18 하나님은 미쁘시니라 우리가 너희에게 한 말은 예 하고 아니라 함이 없노라.

내 마음을, 하나님께서 알고 계시다. 좋은 일 갖고 서운해서, 시험에 들지 마시기 바랍니다.

:19,20 우리 곧 나와 실루아노와 디모데로 말미암아 너희 가운데 전

파된 하나님의 아들 예수 그리스도는 예 하고 아니라 함이 되지 아니 하셨으니 그에게는 예만 되었느니라. 하나님의 약속은 얼마든지 그리스도 안에서 예가 되니 그런즉 그로 말미암아 우리가 아멘 하여 하나님께 영광을 돌리게 되느니라.

하나님께서도 하신 말씀에 예만 하셨고 예수님도 하나님의 뜻에, 언제나 '예' 이었던 것처럼, 우리도 하나님의 뜻에 언제든지 '예' 하고 순종한다. 그리고 우리는 너희에게 대해서도 언제나 '예' 만 된다.

가나안에 들어가 그리심산에서 축복을, 에발산에서 저주를 선포하라.
저주에 아멘할까요?

신27:15 장색의 손으로 조각하였거나 부어 만든 우상은 여호와께 가증하니 그것을 만들어 은밀히 세우는 자는 저주를 받을 것이라 할 것이요 모든 백성은 응답하여 말하되 아멘 할지니라.

성도가, 말씀을 들을 때 입을 다물고 가만히 앉아 있는 것은 거룩함이 아니다. 하나님의 말씀을 들을 때, 아멘 하여 하나님께 영광을 돌린다.

– 아멘: '예' '믿습니다' '그렇데 되기 원합니다' '진실로 그렇습니다' '정말로 그렇게 이루어 주소서' 하나님의 말씀에 아멘은, 하나님께 영광을 돌리며 순종하겠습니다. 순종을 의미하는 표시입니다.

– 영광: 하나님께 최고의 것을 드리는 것입니다.

그러면, 아멘 하지 않는 것은 하나님을 무시하는 것이고, 교만한 것입니다. 아멘하면, 그 말씀이 내 것 되는 것입니다. 아멘의 기도에 주님이 응답하십니다. 순종할 힘을 주시는 것입니다.

예배시간마다 기도하는 것은, "그 말씀 내 것 되도록, 순종할 힘을 주세요.” “내게 이루어 주세요” 하는 것입니다.
초대교회, 말씀듣고⇒ 기도하고⇒ 전도하고(순종하고)

‘그럼, 아멘 안 하면 내 것 안 되나?’
쓸데없이 싸우려고 하지 마시고, 그냥 아멘하시기 바랍니다. 그러면, 우리 안에 계신 성령님께서 순종할 힘을 주십니다. 성령님께서 이루어 가실 것입니다.

:21,22 우리를 너희와 함께 그리스도 안에서 굳건하게 하시고 우리에게 기름을 부으신 이는 하나님이시니, 그가 또한 우리에게 인치시고 보증으로 우리 마음에 성령을 주셨느니라.
우리의 믿음을 굳게 하시고 예수님의 형상을 닮아가게 하시는 분은, 성령님이십니다. 우리가 아멘하면 말씀을 따라갈 수 있게 힘주시는 분은, 성령님이십니다.
기독교 신앙생활은 내 힘으로 하는 것이 아니라 성령님으로 하는 것입니다. 우리는 성령님의 도우심으로 ‘예’ 라고 말하고 또, 순종할 수 있습니다. 그러므로 성도는 주님 안에서 서로를 배려하며 사랑으로 세워지고, 우리 영혼의 부요를 만들어가는 신앙생활하시기 바랍니다.

성령님, 모든 말씀에 아멘 할 힘을 주시고, 말씀을 따라 살 힘을 주세요.

39 우리의 감사

고후 2:14~16

주님은 주님의 뜻을 따라, 성령으로 행하는 성도를 통해서 주님의 일을 이루어 가십니다. 고린도 교회에 많은 문제가 있었습니다. 교회 내에 분쟁의 문제, 음행의 문제, 성찬의 문제, 은사문제, 헌금과 부활의 문제. 그래서, 바울은 고린도 전서에서, 이런 문제들을 지적하고 책망하였습니다. 그러나 아직 회개하지 않은 사람들이 있었습니다.

:4 내가 마음에 큰 눌림과 걱정이 있어 많은 눈물로 너희에게 　노니 이는 너희로 근심하게 하려 한 것이 아니요 오직 내가 너희를 향하여 넘치는 사랑이 있음을 너희로 알게 하려 함이라.

그래서, 다시 조심스럽게 책망의 편지를 써 보냅니다. 그러나, 분노의 감정으로 책망하지 않고 사랑으로 하고 있습니다. 애통하는 마음과 눈물과 넘치는 사랑으로 하고 있습니다.

:7 그런즉 너희는 차라리 저를 용서하고 위로할 것이니 저가 너무 많은 근심에 잠길까 두려워하노라.

:11 이는 우리로 사탄에게 속지 않게 하려 함이라 우리는 그 계책을 알지 못하는 바가 아니로라.

성도들의 모임에서 죄는 묵인 되어서는 안 됩니다. 형제의 잘 못을 보면서, 방관만 하는 것은 바른 태도가 아닙니다. 오히려 충고하고 권면해야 합니다. 그러나 바울처럼 사랑의 마음으로 해야 합니다.

서로 다투고 싸우고, 그래서 근심하게하고 낙심하게 하는 것은, 마귀의 계략입니다.

죄를 지으면, 사랑의 징계가 있어야 합니다.
그래야, 사단의 지배를 받지 않고, 순수성을 유지할 수 있습니다.
책망과 권면은 사랑의 마음으로 하는 것입니다. 또한 듣는 사람은, 기쁘게 여겨야 할 것입니다. 사랑의 책망을 받고도 회개하지 않으면, 이방인과 같이 취급받게 됩니다.(마18:15~17)

:14 항상 우리를 그리스도 안에서 이기게 하시고 우리로 말미암아 각처에서 그리스도를 아는 냄새를 나타내시는 하나님께 감사하노라.
우리는 신앙생활에 승리하기를 원합니다. 그러나 승리하기보다는 실패하기를 더 많이 합니다. 어떤 성도는, 승리하는 신앙생활이 무엇인가 알지도 못하고, 관심이 없이 살아갑니다. 그냥 교회에 나오고 힘든 세상, 교회에서 위로나 받는 것으로 신앙생활 한다고 생각 하고 있습니다.
신앙생활은 성령의 도우심으로 그리스도를 아는 냄새를 나타내는 생활입니다. 승리하는 신앙생활은 말씀과 기도로 성령 충만하여, 죄를 싫어하시는 하나님, 거룩하신 하나님을 두려워하고, 우리를 구원하신 예수님을 사랑하고, 자랑하고, 영원히 행복한 천국을 바라보며 세상일에 낙심하지 않고 감사하며 살아가는 생활입니다.
그러나 세상과 타협하면서 낙심하고 좌절하는 형식적인 종교생활은 실패하는 것입니다.
계 21:7,8 이기는 자는 이것들을 유업으로 얻으리라 나는 저의 하나님이 되고 그는 내 아들 이 되리라. 그러나 두려워하는 자들과 믿지 아니

하는 자들과 흉악한 자들과 살인 과 행음자들 술객들과 우상 숭배자들과 모든 거짓말하는 자들은 불과 유황으로 타는 못에 참여 하리니 이것이 둘째 사망이라.

승리하는 신앙생활은 천국과 영원한 생명을 유업으로 얻게 될 것입니다. 그러나 지는 자는 둘째 사망이 준비되어 있다는 것입니다.

두려워하는 자들= 그리스도를 믿음으로써 당하는 핍박과 환난을 두려워하는 자들. 그리스도에게 충성하기보다는 자신의 안락을 추구하며, 그리스도의 고난에 동참하지 않는 자들. 사단의 핍박과 위협을 인내로써 이겨내야 함을 권면한다.

믿지 아니하는 자들= 그리스도를 영접하지 않은 불신자들이나, 혹은 믿음을 부인하고 신앙을 버리는 자들.

흉악한 자들= 도덕적으로 타락하여 더럽게 된 자

살인자들= 하나님을 대적하고, 신실한 그리스도인들을 핍박하고 살인한 자들.

행음자들= 일반적으로 성적인 범죄를 행한 모든 사람들.

술객들= 마술이나 점 등에 빠진 자들이나 우상을 만드는 자들.

우상 숭배자들= 불신자들의 죄 중에서 가장 근본이 되는 죄. 하나님의 자리에 거짓된 신들이나 사물을 놓고 숭배하는 자들.

모든 거짓말하는 자들= 진리를 떠나 악과 불의에 동참하여 거짓을 조장하는 자들.

성도가, 말씀 안에 살아갈 수 있게 하는 힘은 성령님이십니다.

성도는, 죄를 이기며 천국을 바라보는 소망으로, 거룩하게 살아갈 힘을 주셨음을 감사하시기 바랍니다.

무엇이 우리의 감사입니까? 성도는, 다른 어떤 것보다도 말씀을 따라 살 힘 주셨음을 감사해야 합니다. 성령으로 거룩하게 살아갈 힘이 최고의 축복입니다. 그러지 못하다면, 얼른 회개하고 그렇게 살 수 있는 힘을 주세요. 기도해야 합니다.
세상을 다 가져도 거룩할 힘이 없다면 두 번째 사망에 들어가는 불행한 자가 됩니다.

:15 우리는 구원 얻는 자들에게나 망하는 자들에게나 하나님 앞에서 그리스도의 향기니.

전쟁의 승리를 축하할 때 피우던 향, 승리자에게는 기쁨과 영광의 냄새가 되고, 패배자에게는 노예의 고통과 절망의 냄새가 됩니다.
성도가, 예수님을 닮아가는 생활, 복음을 전하며 말씀을 따라 사는 경건함과 거룩 생활은, 어떤 사람은 듣고 보고 구원받을 것이고, 어떤 사람은 듣고 보고 부담이 될 것입니다.
그리스도인이라는 말은, 예수님께 속한 사람, 예수님의 것이라는 말입니다. 예수님의 삶을 살아가는 사람입니다. 그리스도인으로 사는 것이, 힘들 수도 있습니다. 그러나 성령으로 행하면 쉽습니다. 담대하십시오. 성령님이 도와주십니다. 우리의 삶을 보고, 또 한 사람이 구원 얻을 것이고, 우리의 삶을 보고도 망할 사람은 망할 것입니다.
성도는, 이 죄악의 세상에서, 어둠의 세상에서 예수님의 사람으로 살아간다는 것이, 자랑이요. 축복이요. 감사입니다.
나로 거룩하게 하시고 나를 통해 또 한 영혼이 구원받게 해주세요.

40 그리스도의 편지

고후 3:1~4

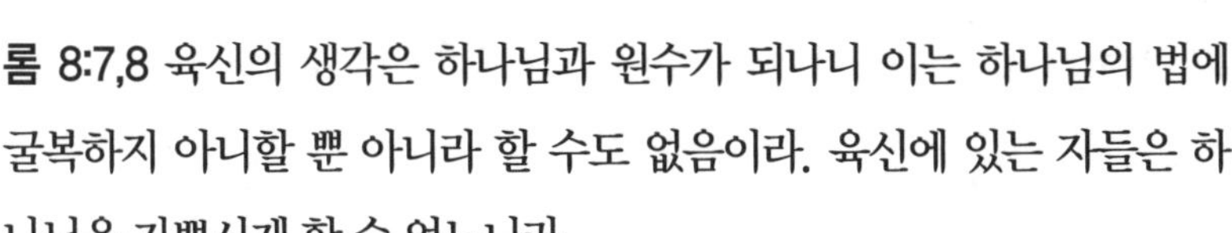

롬 8:7,8 육신의 생각은 하나님과 원수가 되나니 이는 하나님의 법에 굴복하지 아니할 뿐 아니라 할 수도 없음이라. 육신에 있는 자들은 하나님을 기쁘시게 할 수 없느니라.

성령으로 사는 사람이 아니라면 그 누구도 하나님의 뜻과 말씀에 복종할 수 없습니다. 제 아무리 학식이 많다할지라도 하나님을 기쁘시게 할 수 없습니다. 오히려 하나님과 원수를 맺어 삽니다. 자기를 부인하지 못하고, 자기 생각이 나옵니다.예수님께서 세상에 오실 때에 하나님께서 예수님 세상에 보내셔서 오셨지만, 누가 그를 알았으며, 누가 예수님을 영접했으며, 믿었습니까? (제사장 율법사 바리새인)

나사렛에서 무슨 선한 것이 나겠느냐! 빛이 어두움에 비취었지만 어둠이 깨닫지 못했다고 말씀하십니다.

육신에 속한 사람들은 하나님께서 보내신 하나님의 아들을 알지 못하고 믿지 못했습니다. 하나님께 드릴 영광, 예수님께서 받으실 지극히 큰 감사를, 가이사에게 바치고, 예수님을 십자가에 못 박아 죽여 버렸습니다. 하물며 하나님께서 보낸 사람은, 육신의 사람들이 얼마나 멸시하고 비웃고 거역했겠습니까?

마 23:37 선지자들을 죽이고 네게 파송된 자들을 돌로 치는 자여.

육신의 생각은, 스스로 지혜로운 체 할지라도 하나님과 원수되어 있고, 하나님과 원수 된 일을 행하므로, 하나님을 기쁘시게 못합니다.

육신의 생각은, 내가 주인 된 욕심 고집 체면 자존심 서운함, 이런 것들입니다.
고린도 교회의 성도들은 바울의 사도 직분을 믿지 못합니다. 전부 다 그런 것은 아니지만 몇 몇 사람들은 바울을, 예수님께서 세우신 그의 종이라는 사실을 인정하지 않았습니다. 가르침을 도무지 받으려고 하지 안했습니다. 이것이 바로 육신의 속한 사람의 모습입니다.

행 9:15 내 이름을 이방인과 임금들과 이스라엘 자손들 앞에 전하기 위하여 택한 주님의 그릇임을 알지 못했습니다.
바울이 오죽 답답하면 어떤 사람들처럼 사도들의 추천서를 갖고 다녀야겠느냐!! 라고 말합니다.
고린도교회는 바울을 통하여, 디모데를 통하여, 세워지고 양육되어진 교회입니다. 이런 교회가 바울을 외면하니, 바울이 얼마나 답답하겠습니까?

우리의 모습을 돌아보기 원합니다. 주님은 주님의 종들을 어떻게 사용하십니까?
:3 너희는 우리로 말미암아 나타난 그리스도의 편지니 이는 먹으로 쓴 것이 아니요 오직 살아 계신 하나님의 영으로 쓴 것이며 또 돌판에 쓴 것이 아니요 오직 육의 마음 판에 쓴 것이라.

렘 31:33 그 날 후에 내가 이스라엘 집과 맺을 언약은 이러하니 곧 내가 나의 법을 그들의 속에 두며 그들의 마음에 기록하여 나는 그들의 하나님이 되고 그들은 내 백성이 될 것이라 여호와의 말씀이니라.
주님은, 교회를 위하여 종들을 택하시고 그 종들을 통하여, 성도들의 마음에, 성령으로 하나님의 말씀을 기록해 주십니다.혹시 우리 중에서도 육신에 속하여 하나님의 성령의 일을 받지 않는 사람은 없습니까? 목사의 입을 통해서 하나님의 말씀이 선포되지만, 하나님의 말씀으로 받지 않고 사람의 말로 받고 있지는 않습니까?
하나님의 말씀을 전하는 자를 불신하고 마음을 꼭 닫아 놓은 것은, 육의 모습입니다. 다 아는 말이라고 단잠을 즐기시는 분. 언제 끝나는 가 시계를 보고 몸을 뒤틀고, 이런 모습이, 바로 육신의 모습입니다.

누가 편지를 잘 못 써놨습니까? 누가 여러분 속에 육신의 생각으로 가득하게 써 놨습니까? 육신의 생각은 하나님과 원수됩니다. 하나님을 기쁘시게 하지 못하고 있다면 지금 회개해야 합니다.
마13:24~28 예수께서 그들 앞에 또 비유를 들어 이르시되 천국은 좋은 씨를 제 밭에 뿌린 사람과 같으니, 사람들이 잘 때에 그 원수가 와서 곡식 가운데 가라지를 덧뿌리고 갔더니, 싹이 나고 결실할 때에 가라지도 보이거늘, 집 주인의 종들이 와서 말하되 주여 밭에 좋은 씨를 뿌리지 아니하였나이까 그런데 가라지가 어디서 생겼나이까 주인이 이르되 원수가 이렇게 하였구나.
사랑하는 여러분, 마음을 활짝 여십시오. 전하는 목사에게 마음을 닫아두지 마십시오. 함부로 판단하고 오해하지 마십시오. 착하고 좋은 마음으로 듣고 배우십시오. 농담의 말이나 관심 밖의 말로 여기지 마십시오.

요 21장에 주님은 베드로에게 어린 양을 먹이라...내 양을 치라...내 양을 먹이라 말씀하시지요. 하나님께서 그의 사랑하는 종들을 통하여 하나님의 자녀들을 양육하십니다. 목자가 양을 기르듯이 하나님께서 사랑하는 종들을 통하여 길러내십니다.
예수님께서 직접 하지 않으시고, 천사들을 통해서 하지 않으시기 때문에, 육의 사람은 고린도교회 몇몇 성도들처럼 언제나 오해하게 됩니다. 들으려고 생각하지 않습니다. 왜 그렇습니까? 영적인 교만의 병에 걸린 것입니다.

고린도교회는 바울을 통하여 우리 ㅇㅇ교회는 ㅇ목사를 통하여 양육하십니다. 물론 실수도 있습니다. 미숙한 점도 있습니다. 그럼에게 불구하고 그 종을 통하여 나를 양육하신다는 것을 꼭 기억하시기 바랍니다.목사는, 하나님의 자녀들을 어떻게 양육할 것인가? 기도하며 고민합니다. 성령으로 전합니다. 그래도 내 안에 부족함을 느끼며 가슴 아파합니다. 그러면서 어떻게 하면 주님이 원하는 말씀을 전할 것인가? 힘을 다하고 있습니다. 그럼에게 불구하고 우리 모두가 알아야 할 것이 있습니다. 목사가 하나님의 말씀을 전할 때, 단순히 사람이 가르치는 것이 아니요, 말씀을 전할 때, 하나님의 영, 성령께서 성도들의 마음에 말씀을 하나하나 기록하신다는 사실입니다.

:3,4 너희는 우리로 말미암아 나타난 그리스도의 편지니 이는 먹으로 쓴 것이 아니요 오직 살아 계신 하나님의 영으로 쓴 것이며 또 돌판에 쓴 것이 아니요 오직 육의 마음 판에 쓴 것이라. 우리가 그리스도로 말미암아 하나님을 향하여 이같은 확신이 있으니.
성령 하나님께서 약속하신 말씀대로 그 귀중한 말씀, 생명이 되는 말씀을, 심령 속에다 한자 한자 새기시는 것입니다.
데살로니가교회 성도들처럼 착하고 좋은 마음으로 들으시기 바랍니다.
렘31:33 그 날 후에 내가 이스라엘 집과 맺을 언약은 이러하니 곧 내가

나의 법을 그들의 속에 두며 그들의 마음에 기록하여 나는 그들의 하나님이 되고 그들은 내 백성이 될 것이라 여호와의 말씀이니라.

성령 하나님의 역사는 오늘도 일어나고 있습니다. 주의 종들이 전할 때, 그 가르침 속에서 성령 하나님은 역사하십니다. 성도 한 사람 한 사람, 심령 속에 하나님의 말씀을 기록하십니다. 죄와 허물로 죽었던 나를 그리스도의 피로 씻어 깨끗케 씻어주셨습니다. 성령 하나님께서 하나님의 말씀을 한 자 한자 심령에 기록하셔서 성령의 사람이 되게 하십니다. 하나님께 영광 돌리는 그리스도의 사람이 되게 하십니다.성도는 주의 종들로 말미암는 그리스도의 편지입니다. 가르침을 잘 받아 모든 사람 앞에 예수님의 마음을 보여주는 편지가 되십시오.

41 빛이 비취리라

고후 4:6

고후 3:2,3 너희는 우리의 편지라 우리 마음에 썼고 뭇 사람이 알고 읽는 바라. 너희는 우리로 말미암아 나타난 그리스도의 편지니 이는 먹으로 쓴 것이 아니요 오직 살아 계신 하나님의 영으로 쓴 것이며 또 돌판에 쓴 것이 아니요 오직 육의 마음 판에 쓴 것이라.

–목회자는, 성도의 심령에 말씀을 새기는 영의 직분자입니다.

–성도는, 말씀을 순전한 마음으로 믿음과 생명으로 받아야 합니다.

말씀이 마음 판에 새겨지고 예수님의 형상을 닮은 그리스도의 편지가 될 수 있습니다. 만일 성도가 주님의 은혜 아래서 하나가 되어, 복음의 삶을 드러내지는 못하고, 자기생각만 말하고 있다면, 그것은, 말씀을 믿음과 생명으로 받지 못하고 있는 것입니다.

고전 10:31 너희가 먹든지 마시든지 무엇을 하든지 다 하나님의 영광을 위하여 하라.

- 성도가 하는 일이 하나님을 위해서, 교회를 위해서, 자기 영혼을 위해서 영광이 되어야 한다.
- 성도가 마을에서 육적인 자랑과 욕심만 추구한다면, 하나님께, 자기 영혼에 무슨 유익이 있는가?

:1,2 그러므로 우리가 이 직분을 받아 긍휼하심을 입은 대로 낙심하지 아니하고, 이에 숨은 부끄러움의 일을 버리고 속임으로 행하지 아

니하며 하나님의 말씀을 혼잡하게 하지 아니하고 오직 진리를 나타냄으로 하나님 앞에서 각 사람의 양심에 대하여 스스로 추천하노라.

고린도교회 성도들 중에는 고린도전서를 통하여, 변화되어, 그리스도의 편지로 사는 사람이 있는가하면, 여전히 변화되지 않는 사람이 있었습니다. 그러나 바울은 고린도교회에, 주의 말씀을 받지 않는 자가 있다고 할지라도, 내가 주님의 복음을, 바로 전하고 있으므로, 낙심하지 않겠다고 말합니다.

말씀을 간절히 사모함으로 받고 변화되십시오. 육신의 생각인 견고한 진을 깨뜨리고 말씀의 생각, 성령의 생각을 가지십시오. 변화되어 예수님의 편지가 되는 삶을 사시기 바랍니다. 변화됨이 하나님께 영광이 되고 자기 영혼에도 축복이 되는 것입니다.

그 다음 중요하고 두려운 말씀을 하십니다.

:3,4 만일 우리의 복음이 가리었으면 망하는 자들에게 가리어진 것이라. 그 중에 이 세상의 신이 믿지 아니하는 자들의 마음을 혼미하게 하여 그리스도의 영광의 복음의 광채가 비치지 못하게 함이니 그리스도는 하나님의 형상이니라.

복음을 전할 때 전도할 때 듣지 않는 것은, 가리어졌기 때문이라고 말씀하십니다. 설교할 때 말씀을 들을 때 들리지 않는 것은, 가리어졌기 때문입니다. 누가 가리었습니까? 이 세상 신, 마귀, 사탄, 귀신.

무슨 말씀인가 이해가 되십니까? 겁나지 않으십니까? 설교시간에 눈 뜨세요.(정말 피곤한 사람은, 잠시 졸다가 눈을 뜹니다)

딴 생각 하지 마세요.

다 아는 얘기 은혜롭게 하면 어떻게 해야 합니까? 개그콘서트는 TV에서 하는 것입니다. 개콘은, 웃고 난리를 쳐도, 죄 사함이 없고, 아무리 많이 봐도 성령 충만이 없고, 한 사람도 천국에 가지 못합니다.

목사는 예수님, 십자가의 피, 성령을 말합니다. 신앙생활이 감사도 없고, 감격도 없고, 열정도 없고 형식, 외식, 권위주의. 주일도 잘라먹고, 십일조도, 전도도 않고, 헌신, 충성도 없고, 세상영광, 자기영광은 십자가의 피 앞에 다 깨어져야 합니다.

(바리새인, 서기관의 신앙생활은 천국가지 못한다고 말씀하셨잖아요)

마 7:22,23 그 날에 많은 사람이 나더러 이르되 주여주여 우리가 주의 이름으로 선지자 노릇 하며 주의 이름으로 귀신을 쫓아내며 주의 이름으로 많은 권능을 행하지 아니하였나이까 하리니, 그 때에 내가 그들에게 밝히 말하되 내가 너희를 도무지 알지 못하니 불법을 행하는 자들아 내게서 떠나가라 하리라.

무슨 말씀입니까? 내 영광을 위해서 했냐? 네 영광을 위해서 했지!!

누가 역사하고 있습니까? 마귀, 사탄, 귀신.

왜요? 망하게 하려고요. 망하게 하려고 말씀이 안 들리게 하는 것입니다. 교만 병에 걸린 것입니다.

눅 8:12 길 가에 있다는 것은 말씀을 들은 자니 이에 마귀가 가서 그들이 믿어 구원을 얻지 못하게 하려고 말씀을 그 마음에서 빼앗는 것이요.

듣기는 듣지만, 관심이 없습니다. 듣기는 듣지만, 나하고 아무런 상관이 없습니다. 눈을 가리고 귀를 가리고, 다 빼앗아가 버렸습니다. 왜요? 구원을 얻지 못하게 하려고.

:6 어두운 데에 빛이 비치라 말씀하셨던 그 하나님께서 예수 그리스

도의 얼굴에 있는 하나님의 영광을 아는 빛을 우리 마음에 비추셨느니라.

첫 번째 창조에서 말씀의 빛은 어두움을 몰아내고 사물을 볼 수 있게 해주었다면, 두 번째 구원의 말씀의 빛은 영적 어두움을 몰아내고 하나님의 영광을 볼 수 있게 해줍니다. 이 빛은, 예수 그리스도의 복음입니다. 이 빛은, 복음을 통해서 주어집니다. 말씀을 통해서만 인생의 갈 길을 밝히 알 수 있습니다. 인생을 성공시킬 수 있습니다. 인생의 의미를 알고 천국 가는 길을, 환히 알 수 있습니다.

딤전 4:8 육체의 연단은 약간의 유익이 있으나 경건은 범사에 유익하니 금생과 내생에 약속이 있느니라.

예수님을 따라가고, 예수님을 닮아가는 복음에는, 금생과 내생에 유익이 있습니다. 이제, 주님의 빛이 우리에게 비취었으니 혼미케 하는 자에게 속지 마십시오. 이 세상 신은 보이고, 들리고, 즐기는 순간적인 만족을 따라가게 합니다. 육신의 지식과 경험을 갖고/ 땅의 것을 따라가게 만듭니다. 하나님의 마음에 관해서는 관심이 없게 만듭니다. 내 영혼에 대해서 안일하게 만듭니다. 영적인 것을 무시하게 만듭니다.

정말 우리가 관심을 가져야 할 것은, 하나님의 생각입니다. 우리와 이웃의 영혼의 문제입니다.

영혼의 문제에 깨어있고 말씀의 빛 가운데서, 하나 되고 복음전파를 위해서 연합하는 ○○교회 성도되시기 바랍니다.

42 성령을 우리에게

고후 5:1~5

히 1:2,3 이 모든 날 마지막에 아들로 우리에게 말씀하셨으니 이 아들을 만유의 후사로 세우시고 또 저로 말미암아 모든 세계를 지으셨느니라. 이는 하나님의 영광의 광채시요 그 본체의 형상이시라 그의 능력의 말씀으로 만물을 붙드시며 죄를 정결케 하는 일을 하시고 높은 곳에 계신 위엄의 우편에 앉으셨느니라

사람들이 하나님을 안다고 말하지만, 예수님을 모르는 사람은, 하나님을 알 수 없습니다. 그것은 모든 인생이 죄로 말미암아 사망 가운데 있기 때문입니다. 사망이라는 말은 마귀의 종으로, 마귀를 아버지로 섬기며 살아간다는 말입니다.

자기가 죄인인 것을 알고 예수님의 십자가의 피로 회개할 때, 영혼이 살아나게 됩니다. 살아난다는 말은, 없는 영혼이 만들어진다는 말이 아닙니다. 제 기능을 하기 시작한다는 말입니다. 성령으로 하나님의 새 생명을 가지게 되는 것입니다.

이렇게 사망 가운데 있는 우리 인간은, 예수님을 통해서만 하나님을 볼 수 있습니다. 예수님을 통해서만 하나님의 생명에 참여하게 됩니다.

예수님은 보이지 않는 하나님의 형상이십니다.

:7 우리가 이 보배를 질그릇에 가졌으니.

우리의 육체는 질그릇과 같고 예수님은 우리의 생명이십니다. 그래서 성경은 말씀하시길 이 보배를 질그릇에 가졌다고 말씀하십니다.

죄의 종이요, 불의의 병기로 살던 우리가, 이제 예수님을 통해 의의 병기, 하나님의 자녀가 되었습니다(롬6:) 이제 우리가 예수님을 말하고, 예수님을 자랑하는 것은 당연한 일입니다.

우리의 능력과 생명은, 우리 안에 계신 예수님께 있습니다. 예수님을 의지하고, 예수님께 소망을 둘 때, 우리는 낙심하지 않고, 망하지 않습니다. 만일 흙으로 돌아갈 육체에 소망을 두고 산다면, 그것은 불신자의 모습입니다. 답답하게 되고, 낙심하게 되고, 결국 망하게 될 것입니다.
우리의 흙으로 돌아갈 육체는 날마다 후패해 집니다. 우리의 육체는 잠깐입니다. 그러나 예수님의 생명으로 살아난 영혼은 영원하며, 날마다 새로워집니다.
우리가 사모하는 것이 영원한 것이라면, 날마다 후패해져 가는 세상을 욕심내지 마십시오. 날마다 후패해져 가는 육체 때문에 낙심하지 말고, 원망하지 마십시오.

성도가, 예수님을 듣고, 알고, 예수님을 믿게 된 것은 세상에서 최고의 축복입니다. 예수님은 육신의 혈통으로 보면, 우리나라 한국 사람도 아니었습니다. 그렇다고, 우리가 예수님을 본 것도 아닙니다.
그런데, 우리가 죄를 회개하며, 예수님을 나의 구주요, 하나님의 아들로 믿고 고백하며, 주일마다 모이는 것은 분명히 내 힘이 아닙니다. 이것은 하나님의 은혜요. 성령님의 힘입니다.
하나님께서는 예수님을 구주로 믿는 모든 성도들에게, 성령을 선물로 주셨습니다. 성령님께서 예수님을 영접한 우리 모든 성도와 함께 계십니다.

하나님께서는 승리하는 신앙생활을 위해서 성령님을 보내 주셨습니다. 성령님께 우리를 맡겨주셨습니다. 우리 안에 계신 보배, 성령님을 의지하지 않고 승리하는 신앙생활을 할 수 없습니다.

성도가 성령님 없이 혼자 신앙생활 한다는 것은, 있을 수 없는 일입니다. 우리에게 영원한 생명과 천국의 보증으로, 성령님이 우리 안에 와 계십니다. 성령님과 함께하면 확실히 천국에 갈 수 있습니다.

성령을 근심하게 하지 말고 성령을 소멸하지 마십시오.(엡4:30, 살전5:19) 성령님과 함께 하는 신앙생활을 하십시오.

성령 충만을 받아야 합니다. 성령님과 교통하며 성령님의 위로와 인도와 지도를 받으십시오. 죄를 이기고, 마귀를 대적하며, 육신의 정욕과 탐심을 이길 수 있습니다. 성령님과 함께하는 신앙생활이 승리하는 신앙생활입니다. 성령님은 우리 신앙생활의 전부입니다.

:1~5 만일 땅에 있는 우리의 장막 집이 무너지면 하나님께서 지으신 집 곧 손으로 지은 것이 아니요 하늘에 있는 영원한 집이 우리에게 있는 줄 아느니라. 참으로 우리가 여기 있어 탄식하며 하늘로부터 오는 우리 처소로 덧입기를 간절히 사모하노라. 이렇게 입음은 우리가 벗은 자들로 발견되지 않으려 함이라. 참으로 이 장막에 있는 우리가 짐진 것 같이 탄식하는 것은 벗고자 함이 아니요 오히려 덧입고자 함이니 죽을 것이 생명에 삼킨 바 되게 하려 함이라. 곧 이것을 우리에게 이루게 하시고 보증으로 성령을 우리에게 주신 이는 하나님이시니라.

성령님께서 영원한 생명과 천국을 보증해 주시므로, 우리는 거룩함으로 자기를 단장하고 전도하며 담대히 살아갈 수 있습니다.

성도들에게는 천국과 큰 칭찬과 상급이 준비되어 있기 때문입니다.

성령님은, 우리에게 고난과 핍박을 감당할 힘을 주십니다.

성도에게는 영원한 천국과 신령한 몸 그리고 칭찬과 상급이 준비되어 있습니다. 그러므로, 성도가 아직 이 세상에 살고 있다는 것은, 헛된 시간도 아니고 원망과 불평의 시간도 아닙니다.

:9 그런즉 우리는 거하든지 떠나든지 주를 기쁘시게 하는 자 되기를 힘쓰노라.

성도가 빨리 천국에 가고 싶지만 아직 우리가 이 세상에 살고 있다는 것은 축복입니다. 더 기도할 수 있는 기회입니다. 전도하여 또 한 영혼을 살릴 수 있는 소망의 삶입니다. 더 나은 칭찬과 상급의 기회입니다. 칭찬과 상급의 그 증거, 그 보증이 무엇입니까? 그것은, 우리가 예수님을 믿는 것입니다. 성령님께서 우리와 함께 계신 것입니다.

이제 성도의 모든 삶은 소망의 삶입니다. 성령 충만으로 영혼을 성공시키시고 성령으로 주님을 기쁘시게 하는 삶을 사십시오. 우리가 생명 되시는 예수님 때문에 고난을 당한다면 또한 예수님의 생명은 나타나게 될 것입니다. 세상에서 잘되는 것이 영광이 아니라 예수님을 위해 살 수 있다는 것이 영광입니다.

43 새로운 피조물

고후 5:14~19

고린도 교회는 바울 사도가 2차 선교 여행(행 18:1~11, AD50)때, 18개월 머물면서 개척한 교회로 바울의 애정이 많은 교회였습니다.
바울은, 고난과 핍박이 있음에도 주님의 사랑에 이끌려 복음을 전하고, 교회를 세웠습니다. 주님의 사랑은 또 한 영혼에 대해 관심을 갖게 하고 그 관심을 실천하게 합니다. 바울은 고백하기를,

:14 그리스도의 사랑이 우리를 강권하시는 도다.

달리 말한다면 그리스도의 사랑이, 너희를 위하여, 우리를 강권하시는 도다. 그리스도의 사랑이 너희를 사랑하도록 나를 이끌어 간다고 하였습니다. 그래서 말하기를,

:13 우리가 만일 미쳤어도 하나님을 위한 것이요 만일 정신이 온전하여도 너희를 위한 것이니,

라고 담대히 외치고 있습니다.

주님을 사랑한다고 주님께 은혜를 받고, 지옥의 형벌에서 구원 받았다고 말하면서, 다른 형제와 불신 영혼에 관심이 없다면 그것은 참으로 은혜를 받은 사람의 모습이 아닙니다.
이제 우리가 주께 은혜를 받았다고 한다면, 교회에서 믿는 형제들을 향하여서, 그리고, 나중 믿는 성도들을 향하여서 사랑이 나오기 시작해야

합니다. 이 사랑은 형제의 영혼을 위한 사랑입니다. 또, 형제의 필요를 채워주는 사랑입니다.

요일 3:18 자녀들아 우리가 말과 혀로만 사랑하지 말고 오직 행함과 진실함으로 하자.

먼저 성도들은 서로의 영혼을 위한 교제가 있어야 합니다. 우리의 교제가 단지, 육체의 만족을 위한 교제라면 불신자들도 하는 교제입니다.
성도는, 자기의 영혼을 위하여, 형제의 영혼을 위하여, 유익이 있는 교제를 하고 권면을 해야 합니다. 우리의 교제가 육체의 교제라면 한 걸음 더 나아가, 영적인 교제를 해야 합니다.
그러므로, 먼저 믿는 성도는 자기의 영혼을 위해서, 나중 믿는 성도의 영혼을 위해서 반드시 성장하고 성숙해야 합니다.(히5:12)

다음으로 형제의 육신의 필요를 채워주는 사랑이 있어야 합니다.
내 것을 나누고, 베푸는 사랑이 있어야 합니다. 성도는 예수님의 청지기입니다= (사도행전, 초대교회= 나누고 베품)
은혜 받은 모습은, 물질을 사용하는 모습에서 나타납니다.(뽕나무 위에 삭개오 처럼= 절반을, 4배로)

:17 그런즉 누구든지 그리스도 안에 있으면 새로운 피조물이라 이전 것은 지나갔으니 보라 새 것이 되었도다.

전 1:9,10 해 아래는 새 것이 없나니, 무엇을 가리켜 이르기를 보라 이 것이 새 것이라 할 것이 있으랴.
전도서에서 말씀하시기를 '해 아래 새것이 없다'라고 말씀하십니다.

그런데, 오늘 주님은 새 것이 있다고 말씀하십니다. 그것도 사람이 새 것, 새로운 피조물이 되었다고 말씀하십니다.

렘 17:9 만물보다 거짓되고 심히 부패한 것은 마음이라 누가 능히 이를 알리요 마는.

언제 새 것이 됩니까? 예수님이 내안에, 내가 예수님 안에 있을 때 새 것이 되었다고 말씀하십니다.
예수님 안에 있습니까?
아담 안에 있던 정욕과 탐심의 사람이 예수님 안에서, 거룩함과 진실함의 사람이 되었습니다. 성령 안에서 의로움과 사랑함으로 거룩함과 진실함의 사람이 되었습니다.
아담 안에서의 삶은 마귀의 미혹으로, 세상과 육신의 성공이 목표인 삶입니다. 그러나, 예수님 안에서는 성령으로 거듭난 삶입니다. 새로운 목표가 생깁니다. 예수님 안에서는 정죄함이 없는, 사랑 받는 하나님의 자녀가 됩니다. 예수님 안에서의 삶은 예수님께서 주인이시며, 하나님의 영광과 영혼과 천국을 향한 목표 가 생깁니다.

여러분 새로운 목표가 생겼습니까?
성령으로 새로운 목표가 생겼습니까? (자녀=예언, 젊은이=환상, 늙은이=꿈) 새로운 피조물은 성령으로 사는 사람입니다. 삶의 새로운 목표와 이유, 의미가 생겨야 합니다. 고민도 하고 갈등도 있어야 합니다.
성경은 새사람이라고 말씀하시는데/ 나는 여전히 옛사람입니까?

기독교인의 삶은 세상을 많이 가지기 위한 삶이 아닙니다. 기독교인의 삶은 같은 일을 해도 목적이 다릅니다. 영혼을 풍성하게 하기 위해 공부하고 박사되는 것입니다. 예수님의 복음을 위해 일하고, 사업하고, 돈 버는 것입니다. 천국을 위해 정치하고, 의사되고, 선생되는 것입니다. 영혼을 위해, 복음을 위해, 천국을 위해 형제와 이웃을 위해 풍성히 사용하는 삶입니다.

:15 저가 모든 사람을 대신하여 죽으심은 산 자들로 하여금 다시는 저희 자신을 위하여 살지 않고 오직 저희를 대신하여 죽었다가 다시 사신 자를 위하여 살게 하려 함이니라.

마 5:46,47 너희가 너희를 사랑하는 자를 사랑하면 무슨 상이 있으리요 세리도 이같이 아니하느냐. 또 너희가 너희 형제에게만 문안하면 남보다 더하는 것이 무엇이냐 이방인들도 이같이 아니하느냐.

자기 육체만을 위해 사는 사람은 아담에게 속한 옛 사람입니다. 옛사람은 사망입니다. 성도는 성령으로 거듭난 새 사람입니다.

그러므로, 이제, 성도의 삶은, 성령에 이끌려 예수님을 닮아가는 생활입니다. 기쁨과 감사의 생활입니다. 영혼을 위해, 복음을 위해, 주님의 몸된 교회를 위해 살아가는 생활입니다. 그리스도의 십자가 사랑에 이끌려 형제와 이웃이 구원 얻도록 나누고 베풀며 살아가는 생활입니다.

아담안에 있는 옛 사람처럼 살지 마시고 예수님안에 성령으로 사는 새 사람으로 사시기 바랍니다. 강권하시는 성령에 이끌려 복음을 위해, 이웃을 위해 살아가는 새사람 되시기 바랍니다.

44 보라 지금은?

고후 6:1,2

하나님께서는 세상 모든 사람을 사랑하십니다. 주 예수님께서는 하나님의 사랑을 우리에게 주시려고 세상에 오셨습니다.

롬 5:8 우리가 아직 죄인 되었을 때에 그리스도께서 우리를 위하여 죽으심으로 하나님께서 우리에 대한 자기의 사랑을 확증하셨느니라.

요 3:16,17 하나님이 세상을 이처럼 사랑하사 독생자를 주셨으니 이는 그를 믿는 자마다 멸망하지 않고 영생을 얻게 하려 하심이라. 하나님이 그 아들을 세상에 보내신 것은 세상을 심판하려 하심이 아니요 그로 말미암아 세상이 구원을 받게 하려 하심이라.

예수님의 오심은 죄 가운데 있는 세상을 심판하려 하심이 아니라 구원하려 하심입니다. 예수님께서는 우리에게 값없이 대속의 은혜를 베풀어 주셨습니다. 주님의 대속의 은혜는 우리를 죄 가운데서 구원하여 하나님의 자녀를 삼으시고, 천국을 주시는 것입니다.

:1 우리가 하나님과 함께 일하는 자로서 너희를 권하노니 하나님의 은혜를 헛되이 받지 말라.

은혜를 헛되이 받지 말라== "은혜를 공허한 것으로 만들지 말라"
"주님의 대속의 은혜를, 아무것도 아닌 것처럼 만들지 말라."
예수님께서 모든 사람을 구원하시기 위하여 죽었습니다. 이 은혜는, 예수님을 자기의 주님으로 영접하는 사람의 것입니다.

:2 이르시되 내가 은혜 베풀 때에 너에게 듣고 구원의 날에 너를 도왔다 하셨으니 보라 지금은 은혜 받을 만한 때요 보라 지금은 구원의 날이로다.

지금 은혜 베푸는 시대라고, 육으로 방종하지 말라고 말씀하십니다.

이 땅에 살고 있는 지금, 육체를 갖고 있는 지금이, 축복의 기회입니다. 무슨 축복입니까? 육체를 갖고 있는 지금이 바로 하나님의 계획을 알고 동참할 때요. 십자가의 피의 공로에 감사하고, 충성할 수 있는 절호의 기회요. 성령의 은사를 받고 이웃의 영혼을 구원할 기회입니다.

내 영혼을 더 아름답게, 더 풍성하게 만들 때입니다. 예수님의 형상을 닮아가며 예수님의 신부로 단장될 최고의 순간입니다. 육체의 기간이 끝나면 이런 일은 더 이상 할 수 없습니다.

모든 성도는 구원받은 하나님의 자녀로 살아가는 새로운 삶을 살기 위하여, 결단과 선택, 그리고 끝까지 자기를 지키려는 노력이 필요합니다.

지금이 바로 하나님께서 예언하신 그 때, 우리의 기도를 들으시고, 그렇게 살 수 있는 힘을 주시는 그때라는 말씀이지요. 그런데 너희가 생명의 은혜를 받고 이 축복의 기회를 허비하고 있다는 것입니다. 하나님께서 은혜를 주시는데 그 은혜를 헛되게 만들고 있다는 것입니다.

–은혜를 헛되이 받는 것, "은혜를 공허한 것으로 만드는 것"

"주님의 대속의 은혜를, 아무것도 아닌 것처럼 만드는 것."

은혜를 헛되이 받는 것이 무엇입니까?

육체를 갖고 있는 지금이 바로 하나님의 계획을 알고 동참할 때요.

십자가의 피의 공로에 감사하고, 충성할 수 있는 절호의 기회요.

성령의 은사를 받고 이웃의 영혼을 구원할 기회입니다. 내 영혼을 더 아름답게, 더 풍성하게 만들 때입니다. 예수님의 형상을 닮아가며 예수님의 신부로 단장될 최고의 순간입니다. 육체의 기간이 끝나면 이런 일은 더 이상 할 수 없습니다. 은혜를 헛되이 받는것은, 하나님의 은혜와 능력을 육신의 욕심을 이루는 도구로 사용하는 것입니다. 세상과 적당히 타협하면서 세상을 더 갖고, 더 즐기기 위한 기회를 삼는 것입니다. 복음을 듣는 지금이 선택과 결단의 때입니다.

사도 바울은 타락하지 않기 위해서, 이 은혜를 지키기 위해서, 어떻게 했습니까?

:4~10 오직 모든 일에 하나님의 일꾼으로 자천하여 많이 견디는 것과 환난과 궁핍과 고난과, 매 맞음과 갇힘과 난동과 수고로움과 자지 못함과 먹지 못함 가운데서도, 깨끗함과 지식과 오래 참음과 자비함과 성령의 감화와 거짓이 없는 사랑과, 진리의 말씀과 하나님의 능력으로 의의 무기를 좌우에 갖고, 영광과 욕됨으로 그러했으며 악한 이름과 아름다운 이름으로 그러했느니라 우리는 속이는 자 같으나 참되고, 무명한 자 같으나 유명한 자요 죽은 자 같으나 보라 우리가 살아 있고 징계를 받는 자 같으나 죽임을 당하지 아니하고, 근심하는 자 같으나 항상 기뻐하고 가난한 자 같으나 많은 사람을 부요하게 하고 아무 것도 없는 자 같으나 모든 것을 가진 자로다.

이제 우리가 어떻게 하라는 말씀입니까?

:14~18 너희는 믿지 않는 자와 멍에를 함께 메지 말라 의와 불법이 어찌 함께 하며 빛과 어둠이 어찌 사귀며, 그리스도와 벨리알이 어찌 조화되며 믿는 자와 믿지 않는 자가 어찌 상관하며, 하나님의 성전과 우상이 어찌 일치가 되리요 우리는 살아 계신 하나님의 성전이라 이와

같이 하나님께서 이르시되 내가 그들 가운데 거하며 두루 행하여 나는 그들의 하나님이 되고 그들은 나의 백성이 되리라. 그러므로 너희는 그들 중에서 나와서 따로 있고 부정한 것을 만지지 말라 내가 너희를영접하여, 너희에게 아버지가 되고 너희는 내게 자녀가 되리라 전능하신 주의 말씀이니라 하셨느니라.

주님의 은혜와 은사, 직분, 시간, 건강, 재물, 재능을, 육신을 즐기기 위해 쓰지 마십시오. 자기 자랑, 자기만족을 위해 써버리지 마십시오.

"불법을 행하는 자들아 내게서 떠나가라"

은혜 받고, 구원받은 하나님 자녀의 생활은, 성령의 인도하심을 따라 말씀 안에서 거룩함을 이루어 가는 생활입니다.

7:1 그런즉 사랑하는 자들아 이 약속을 가진 우리는 하나님을 두려워하는 가운데서 거룩함을 온전히 이루어 육과 영의 온갖 더러운 것에서 자신을 깨끗케 하자.

지금이 그 기회입니다. 지금 방종하고, 은혜를 헛되게 만들면 다시 기회가 없습니다. 은혜를 헛되게 하지 않기 위해서 깨어 기도하십시오. 예배에 성공하십시오. 시간과 재물을 드려 충성하십시오. 온유하고 겸손하며, 거룩하고 성실하십시오. 성경을 읽으십시오. 자기를 부인하며, 이웃에 복음을 전하여 또 한 영혼을 구원하십시오.

죄와 적당히 타협하면서 육신을 즐기며, 육신의 만족을 위해 살지 말고, 깨어 기도하고, 성령으로 충만하여 영혼의 부유를 만들어가는 성도들 되시기 바랍니다.

45 하나님의 뜻대로

고후 7:10

하나님께서는 우리에게 값없이 대속의 은혜를 베풀어 주셨습니다.
대속이라는 말은 값을 치루어 주셨다는 말입니다.
무슨 값을 치루어 주셨습니까? 죄 값, 지옥의 값, 저주의 값입니다.
주님은 무죄한 생명의 피로 우리의 영원한 지옥형벌의 죄 값을 치러주셨습니다. 주님의 대속의 은혜는 우리를 죄 가운데서 구원하여 하나님의 자녀를 삼으시는 것입니다. 그리고 하나님의 자녀의 삶은 하나님과 화목한 삶을 사는 것입니다.
하나님과 화목하며 살고 계십니까?
하나님과 함께 살고 계십니까??

하나님과 화목은, 거룩한 생활에서 만들어집니다. 죄와 불의는 하나님과 화목할 수 없습니다. 하나님의 좋은 것을 막는 담이 됩니다.
이제 성도가 주님께 더 많은 은혜, 더 큰 은혜를 받기 원하는 것은, 거룩함 안에 머물기 위해서입니다.

:1 그런즉 사랑하는 자들아 이 약속을 가진 우리는 하나님을 두려워하는 가운데서 거룩함을 온전히 이루어 육과 영의 온갖 더러운 것에서 자신을 깨끗하게 하자.

하나님께서는 고린도교회의 거룩함을 위해서, 고린도교회를 책망하십니다. 그 책망이 바로 고린도전서입니다.

바울은 성령의 감동으로 주님의 말씀을 전하고, 인간적인 걱정이 생겼습니다. 그들이 책망을 받고 회개하면 좋겠지만, 만일 듣고도 회개치 않는다든지, 아니면 반항을 한다면 큰 문제가 아닙니까? 그런데, 기쁜 소식이 들려왔습니다. 고린도교회가 말씀을 받고 회개했다는 것입니다.

:8,9 그러므로 내가 편지로 너희를 근심하게 한 것을 후회하였으나 지금은 후회하지 아니함은 그 편지가 너희로 잠시만 근심하게 한 줄을 앎이라. 내가 지금 기뻐함은 너희로 근심하게 한 까닭이 아니요 도리어 너희가 근심함으로 회개함에 이른 까닭이라 너희가 하나님의 뜻대로 근심하게 된 것은 우리에게서 아무 해도 받지 않게 하려 함이라.

목회자들의 답답한 마음이 이것입니다. 잘 못된 신앙의 모습을 책망하고 바른 신앙을 말한다면, 회개할 것인가? 아니면, 시험에 들 것인가? 여기 고린도교회는 구원에 이르는 회개를 이루었다고 말씀하십니다.

성도는, 말씀을 듣고, 구원을 이루는 회개가 나와야 합니다. 말씀을 듣고 자기의 모습이 보여 져야 합니다.

요 1:1 태초에 말씀이 계시니라 이 말씀이 하나님과 함께 계셨으니 이 말씀은 곧 하나님이시니라.

요 16:7,8 그러나 내가 너희에게 실상을 말하노니 내가 떠나가는 것이 너희에게 유익이라 내가 떠나가지 아니하면 보혜사가 너희에게로 오시지 아니할 것이요 가면 내가 그를 너희에게로 보내리니, 그가 와서 죄에 대하여, 의에 대하여, 심판에 대하여 세상을 책망하시리라.

딤후 3:16,17 모든 성경은 하나님의 감동으로 된 것으로 교훈과 책망과 바르게 함과 의로 교육하기에 유익하니, 이는 하나님의 사람으로 온전하게 하며 모든 선한 일을 행할 능력을 갖추게 하려 함이라.

말씀을 들을 때, 자기의 모습이 보여지는 사람은 참으로 축복의 사람입니다. 주님의 사랑과 간섭을 받고 있는 사람이기 때문입니다.
그런가하면 말씀을 듣지만, 말씀으로 자기의 모습이 보여지지 않는 사람도 있습니다.
말씀을 들으면서 이렇다 저렇다 판단하고, 설교를 잘 한다, 못 한다 무시하고, 다 아는 말씀이라고 외면하고, 롯의 사위들처럼 농담으로 여기는 사람이 있습니다. 말씀으로 자기의 불의한 모습이 보여 지지 않는 사람은 참으로 불행한 사람입니다. 이런 사람은 주님은 사랑과 은혜와 간섭에서 떠난 불행한 사람입니다. 말씀은 곧, 하나님이시니 하나님의 사랑과 은혜와 복은, 말씀으로 옵니다.

롬 2:4,5 혹 네가 하나님의 인자하심이 너를 인도하여 회개하게 하심을 알지 못하여 그의 인자하심과 용납하심과 길이 참으심이 풍성함을 멸시하느냐. 다만 네 고집과 회개하지 아니한 마음을 따라 진노의 날 곧 하나님의 의로우신 심판이 나타나는 그 날에 임할 진노를 네게 쌓는도다.
그러므로 하나님의 말씀을 듣는 지금이 바로, 자기를 돌아보며 새롭게 할 수 있는 기회입니다. 또한 하나님의 계획을 알고 동참할 때요. 성도의 삶을 더 아름답게, 더 풍성하게 만들 기회입니다. 성령의 은혜와 은사를 받을 기회입니다.

:10,11 하나님의 뜻대로 하는 근심은 후회할 것이 없는 구원에 이르

게 하는 회개를 이루는 것이요 세상 근심은 사망을 이루는 것이니라. 보라 하나님의 뜻대로 하게 된 이 근심이 너희로 얼마나 간절하게 하며 얼마나 변증하게 하며 얼마나 분하게 하며 얼마나 두렵게 하며 얼마나 사모하게 하며 얼마나 열심 있게 하며 얼마나 벌하게 하였는가 너희가 그 일에 대하여 일체 너희 자신의 깨끗함을 나타내었느니라.

생각 없이 죄를 따라간 것을 원통하게 여기고, 내 영혼을 어찌할꼬!!
영적 생활에 열심을 냈습니다.
말씀을 들을 때 내 유익으로 받는다면, 생명에 이르는 회개에 이르게 될 것입니다. 말씀을 들을 때 내 유익으로 받는다면, 거룩함을 이루는 회개에 이르게 될 것입니다.
성령으로 신앙 생활한다면, 모든 말씀에 아멘 할 것입니다. 성경 66권이, 성령님이 주신 말씀이기 때문입니다.
그러나 육의 신앙생활은 자기 육신의 관심사에만 아멘하게 됩니다.
영혼에 전혀 유익이 없는, 종교 생활일 뿐입니다.

그럼, 말씀을 듣고 하나님의 뜻대로 하는 근심과, 세상의 근심이 무엇입니까? 성령님은 그 사랑하는 성도들에게/ 거룩한 근심을 하게 하십니다. 하나님의 뜻대로 하는 근심은 말씀으로 자기를 돌아보고, 자기를 하나님앞에 세우기 위한 근심입니다. 죄에 대한 근심입니다. 하나님의 은총을 저버린 행위에 대한 근심입니다. 거룩하기 위한 근심입니다. 영혼을 위한 근심입니다. 하나님의 마음과 관심을 외면한 근심입니다. 이러한 근심은 우리에게 무한한 유익이 있습니다.
영. 육간에 유익하며 우리를 하나님 앞에 세우게 됩니다.
그런가하면, 세상 근심이 있습니다. 육신의 소욕을 따라, 자기를 정당

화시키기 위해 애쓰는 근심입니다. 육신의 정욕, 안목의 정욕, 이생의 자랑을 이루기 위해 애쓰는 근심입니다. 이러한 근심은 힘쓰고 애써도 하나님께, 내 영혼에 유익이 없습니다. 이 근심의 결과는 결국 낙담하고 좌절에 빠지고, 자기 파괴의 상황으로 발전합니다.

요일 3:2,3 사랑하는 자들아 우리가 지금은 하나님의 자녀라 장래에 어떻게 될지는 아직 나타나지 아니하였으나 그가 나타나시면 우리가 그와 같을 줄을 아는 것은 그의 참모습 그대로 볼 것이기 때문이니, 주를 향하여 이 소망을 가진 자마다 그의 깨끗하심과 같이 자기를 깨끗하게 하느니라.

하나님과 화목한 삶을 살기 원하십니까? 영원한 천국의 소망을 약속으로 가졌습니까? 그렇다면, 우리는 하나님을 두려워하는 가운데서 자신을 말씀으로 거룩하게 하여, 육과 영의 온갖 더러운 것에서 자신을 깨끗하게 하시기 바랍니다.

46 먼저 자신을

고후 8:1~5

예수님을 믿는 성도가, 신앙생활에서 빼놓을 수 없는 것은 감사하는 마음입니다. 예수님을 믿음으로 죄 가운데서, 영원한 지옥의 형벌 가운데서 구원 받았다고 말하면서, 감사하는 마음이 없다면 은혜를 모르는 사람이지요. 이 사람은, 지옥의 무서움을 모르는 사람입니다.
고린도후서 8장 9장은, 두 장에 걸쳐서 하나님께 드리는 헌금, 연보에 대해서 말씀해 주고 계십니다.

마 6:24 한 사람이 두 주인을 섬기지 못할 것이니 혹 이를 미워하고 저를 사랑하거나 혹 이를 중히 여기고 저를 경히 여김이라 너희가 하나님과 재물을 겸하여 섬기지 못하느니라.
헌금은, 내가 재물을 더 믿고 의지하느냐! 하나님을 더 믿고 의지하느냐! 세상과 재물을 더 사랑하느냐! 예수님과 내 영혼과 천국을 더 사랑하느냐! 구별할 수 있는 방법입니다.

:1 형제들아 하나님께서 마게도냐 교회들에게 주신 은혜를 우리가 너희에게 알리노니.
이스라엘 나라에 흉년이 있으므로 예루살렘교회가 경제적으로 매우 힘든 상황이었습니다.
행 11:28에 보면 글라우디오 황제 때에 흉년이 들 것이라는, 아가보의 예언이 있습니다.
그리고 로마의 글라우디오 황제(A.D41~54)때, 44~48년까지 로마제

국과 유대나라에서 흉년이 나타났습니다. 이러한 상황에서 바울은,
고전 16:1 성도를 위하는 연보에 관하여는 내가 갈라디아 교회들에게 명한 것같이 너희도 그렇게 하라.
갈라디아 교회들이 곤경에 빠진 예루살렘 교회를 도운 것처럼(갈2:10), 마게도냐의 교회들이 예루살렘교회를 도운 것처럼, 고린도교회 너희들도 곤궁에 처한 예루살렘 형제들을 도우라고 권면합니다.

:1,2 형제들아 하나님께서 마게도냐 교회들에게 주신 은혜를 우리가 너희에게 알리노니, 환난의 많은 시련 가운데서 그들의 넘치는 기쁨과 극심한 가난이 그들의 풍성한 연보를 넘치도록 하게 하였느니라.

마게도냐 교회도 어려운 가운데 있었지만 풍성한 헌금을 했습니다.
그것은, 주님의 은혜를 알았기 때문이었습니다. 하나님께서는 이스라엘 백성을 애굽에서 구원하시고 예물을 가져오라. 명령하십니다.
헌금은 없다고 못하는 것도 아니고, 있다고 많이 하는 것도 아닙니다.
은혜를 아는 분량입니다.
성도의 헌금은 그냥 교회에 기부하는 기부금이 아닙니다. 거지에게 동냥하는 돈이 아닙니다. 헌금은 지옥에서 건지신 주님의 십자가의 사랑에 감사하여, 주님께 드리는 예물입니다. 헌금은 많든 적든 십자가 피에 대한 감사의 분량입니다. 예물은 지금 주님께 향한 내 마음의 상태를 말하는 것입니다. 이런 마음으로 헌금하시죠?

참으로 성도라면, 누구나 예수님의 십자가의 사랑을 받은 사람이지요.
그럼에도 불구하고 주님 앞에 드리는 예물은 풍성하지 못합니다.
왜 그렇습니까? 지옥의 불이 얼마나 무서운지 모르기 때문입니다.

천국은 당연히 가는 줄은 알지만, 그 천국이 어떠한 은혜로 주어진 것인지 모르는 것입니다. 주님 앞에 감사와 충성이 무엇인지 모르는 것입니다.

누가 주님께 감사의 예물을 드립니까? 어떤 마음이 되어야 합니까?
:5 우리가 바라던 것뿐 아니라 그들이 먼저 자신을 주께 드리고 또 하나님의 뜻을 따라 우리에게 주었도다.
"주님 감사합니다. 주님의 십자가의 피의 은혜로 천국에 갑니다.
이제 나는 주님의 청지기입니다. 내 생명도 주님의 것입니다." 라는
이런 확실한 믿음의 고백이 있는 성도가 물질을 아까워하지 않고 주님께 드리는 것입니다.
헌금은 주님의 은혜를 받은 성도입니다. 라는 표시입니다. 헌금은 주님의 은혜를 아는 성도의 마땅한 예물입니다. 주님의 은혜를 경험하지 못한 사람은 주님께 예물을 드릴 수 없습니다. 세상에서는 재물이 너무나 귀하고 아깝기 때문에 드리지 못합니다.(부자 청년처럼)

:5 먼저 자신을 주께 드리고.
예수님이 주님이시라는 믿음과 체험과 고백이 없으면, 주님께 예물을 드릴수가 없습니다. 재물을 더 의지하는 사람은, 예수님을 주님으로 모시지 못합니다. 재물이 그 사람의 주인입니다.
혹시 자기를 들어내기 위해서/ 약간의 헌금을 시늉 낼지 모르지만, 뜨거운 마음이 담긴 감사의 예물은 드릴 수 없습니다.
나에게서 예수님이 귀중한 보배입니까? 재물이 귀중한 보배입니까? 천국이 귀중한 것입니까? 세상이 귀중한 것입니까? 영원한 영광이 귀중한 것입니까? 잠시 세상이 더 귀중한 것입니까?

예수님이 내 주님이시고 나는 주님의 청지기라는 고백이 있는 성도는 환난과 가난에서도 주님께 넘치도록 풍성한 연보를 드릴 수 있습니다. 그리고 한 주간 받은 은혜도 얼마나 큽니까? 참으로 주님의 은혜를 아는 성도는 매주일, 감사 예물을 정성껏 준비해 드립니다. 모든 성도가 매주일 헌금하지만 직분자는, 당연히 매주일 헌금해야 합니다. (죽도록 충성)

교회가 재정이 없고 가난하다고 말하지 마십시오. 성도가 십일조만 해도, 교회는 어려움이 없고 복음을 위해 많은 일을 할 수 있습니다.

그리고 교회에서 장로, 권사라고 재정을 사용할 권리가 없습니다.

아간의 죄(수7:11~13) 하나님께 드려진 것을 가지면, 그도 드려진 것이 된다. 하나님 것은 내가 가질 수 없다. 하나님께 드려지기 위해서 죽어야 한다.

– 아나니아와 삽비라(행5:1~7) 감사와 성령 충만으로 밭을 팔 때, 하나님께 드려졌다. 그것을 내가 사용하려고 감추면 하나님께 바쳐진 것이 되어, 죽어야 한다.
– 교회 안의 모든 물건, 오래된 것은 버리고 새 것을 구해야 하지만, 귀하게 관리하고 사용해야 한다.

시 23:1 여호와는 나의 목자시니 내게 부족함이 없으리로다.

예수님을 목자로 인정해 드리지 않는 사람은, 자기 맘대로 광야를 살면서 원망, 불평합니다. 예수님을 목자로 인정해 드린 사람은, 주님이 쉴 만한 물가로, 푸른 풀밭으로 인도하십니다.

시 50:23 감사로 제사를 드리는 자가 나를 영화롭게 하나니 그 행위를

옳게 하는 자에게 내가 하나님의 구원을 보이리라.
구원의 확신과 천국의 소망으로 드리는 예물은, 하나님을 기쁘시게 해 드립니다.
고후 9:6 이것이 곧 적게 심는 자는 적게 거두고 많이 심는 자는 많이 거둔다 하는 말이로다.

성도의 연보(헌금)는, 주님의 십자가의 사랑에 감사함으로 드리는 것입니다. 주님의 일에 이루어 드리고자하는 열심과 충성에서 드립니다.
또한 다 주님의 것임에도 불구하고 주님은 감사예물을, 씨를 심는 것이라고 말씀하고 계십니다. 헌금은 복의 씨앗을 심는 일입니다. 씨앗을 심으면, 분명히 열매가 있습니다. 이렇게 주님께 드릴 때 헌금은 심는 것이 됩니다. 세상에서 심는 자에게 심을 것을 더 풍성히 주십니다.
더하여 주십니다. 다 버리면, 100배나 받고(주님 것입니다. 인정해 드리면) 또한 천국에서 영원토록 보화가 있을 것입니다.

십자가 보혈의 은혜에 감사하는 신앙양심, 신앙 인격자가 되게 하옵소서.

47 여기에서 잠깐-성경을 읽고 말하면서,

고후 8:9

고후 8:9 우리 주 예수 그리스도의 은혜를 너희가 알거니와 부요하신 이로서 너희를 위하여 가난하게 되심은 그의 가난함으로 말미암아 너희를 부요하게 하려 하심이라.

이 한 절을 읽고 혹은 생각합니다. 예수님께서 천국의 부자이셨는데 이 땅에 오셔서 가난한 목수로 사신 것은, 재물의 가난으로 살고 있는 우리를 재물의 부자가 되게 해 주기 위해서 라고 생각하고 그렇게 되게 해 달라고 기도합니다. 그래서 예수님을 믿으면 무조건 부자가 되어야 한다고 말하기도 합니다. 부자가 되지 못하는 것은 믿음이 없어서 라고 말하기도 합니다.

그렇게 말할 수도 있겠지만, 그러나 다시 한 번 생각해 봅니다. 여기 고후8장을 여러 번 읽어보면,

① 예수님이 주시기 원하는 부유는 믿음의 부자 영적인 부자가 되게 하려 하심이라는 말씀이라는 것을 알 수 있습니다. 주님의 십자가의 사랑에 감격하고 감사한 믿음의 부자가 풍성한 연보를 드립니다. 세상에서 아무리 부자라도 믿음의 부자가 되지 않으면 절대로 드리지 못합니다.

② 믿음의 부자가 되면 하나님께 감사함으로 예물을(헌금) 드릴 수 있습니다. 그러면 주님께서 주님의 일을 위하여 더하여 주시고, 천국에서 상으로 갚아주신다고 말씀하셨지요.

하나 더 생각해 보겠습니다.

벧전 2:24 친히 나무에 달려 그 몸으로 우리 죄를 담당하셨으니 이는 우리로 죄에 대하여 죽고 의에 대하여 살게 하려 하심이라 그가 채찍에 맞음으로 너희는 나음을 얻었나니.

이 구절을 인용해서 육체의 질병을 치유해 주신다고 말하고 기도하기도 합니다. 그렇게 말할 수도 있겠지만, 벧전 2장을 읽어보면 이 구절은 육체의 치유가 아니라 영혼의 치유라는 것을 알 수 있습니다.

①이 구절을 인용한 구약성경 사 53:4,5은 영, 육간에 치유를 말씀하셨지요.

②그러나 벧전 2:24을 말할 때는 영혼의 치유를 말하고,

③육체의 질병 치유를 말하려 한다면 원문인 사 53:4절과 사 53:4,5을 인용한 마 8:17 등 다른 구절을 인용하는 것이 맞다고 생각해 봅니다. 주님은 분명히 영, 육간에 은혜 주실 것을 말씀하셨고, 또 주시고, 주실 것입니다.

그러나 성경을 말할 때는, 본문의 의도를 생각해 보면서 말하는 것이 좋지 않을까!

48 넘치게 하시나니

고후 9:6~8

:4,5 혹 마게도냐인들이 나와 함께 가서 너희가 준비하지 아니한 것을 보면 너희는 고사하고 우리가 이 믿던 것에 부끄러움을 당할까 두려워하노라. 그러므로 내가 이 형제들로 먼저 너희에게 가서 너희가 전에 약속한 연보를 미리 준비하게 하도록 권면하는 것이 필요한 줄 생각하였노니 이렇게 준비하여야 참 연보답고 억지가 아니니라.

주님의 은혜가 감사해서 드리고자 했으면, 꼭 바쳐야 한다고 말씀하십니다. 헌금은 마음으로 작정하고 미리 미리 준비해야 합니다.

:6,7 이것이 곧 적게 심는 자는 적게 거두고 많이 심는 자는 많이 거둔다 하는 말이로다. 각각 그 마음에 정한 대로 할 것이요 인색함으로나 억지로 하지 말지니 하나님은 즐겨내는 자를 사랑하시느니라.

헌금은 복의 씨앗을 심는 것입니다. 그러기 때문에 각자의 믿음대로 할 것이나 적게 심지 말고, 많이 심으라고 말씀하십니다. 그러나 기쁨과 감사함으로, 하나님을 사랑함으로 드릴 때 주님은 기뻐하십니다.

:13,14 이 직무로 증거를 삼아 너희가 그리스도의 복음을 진실히 믿고 복종하는 것과 그들과 모든 사람을 섬기는 너희의 후한 연보로 말미암아 하나님께 영광을 돌리고, 또 그들이 너희를 위하여 간구하며 하나님이 너희에게 주신 지극한 은혜로 말미암아 너희를 사모하느니라.

헌금은, 예수님을 주님으로 모시고 복종하는 것이며 교회와 성도를 섬기는 일입니다. 이 일로 하나님께서 풍성한 은혜를 주시는데 이웃과 다른 성도의 부러움이 되게 될 것입니다.

마 6:24 한 사람이 두 주인을 섬기지 못할 것이니 혹 이를 미워하며 저를 사랑하거나 혹 이를 중히 여기며 저를 경히 여김이라 너희가 하나님과 재물을 겸하여 섬기지 못하느니라.

성도가 물질 사용하는 것을 보면, 그 사람이, 하나님과의 관계가 어떠한가를 알 수 있습니다. 성도가 하나님 앞에 예물을 드리고 복음을 위해, 교회를 위해, 내 영혼을 위해 사용함에, 인색함이나 억지로 하지 말라고 말씀하십니다. 감사함과 즐거움으로 하라고 말씀하십니다.

예수님을 믿는 성도는, 하나님 앞에 헌금하는 것은, 의롭게 되기 위해서라든지, 복을 받겠다는 마음으로 드리는 것이 아닙니다. 이미 의로운 사람이 되었으므로, 감사함으로 자원하여 드리는 것입니다.

하나님께서 내 것이라고 말씀하시는 십일조와 첫 열매. 주님께서 베푸신 은혜와 사랑에 감사함으로 드리는 감사헌금. 내가 받은 은혜를 다른 사람에게도 나누고 싶은 마음으로 드리는 선교헌금. 주님의 몸된 교회를 위해서 드리는 주일헌금과 특별헌금.

재물을 주님 앞에 예물로 헌금으로 드리는 것은, 주님의 십자가 보혈의 은혜를 받았다는 말입니다. 주님께는 내 재물을 아무리 드려도 아깝지 않다는 말입니다. 이제는 재물을 나의 하나님으로 삼지 않겠다는 말입니다. 내 소원보다 주님의 소원을 이루어 드리고 싶다는 말입니다.

세상보다 주님의 나라가 더 크고 귀하다는 말입니다. 주 예수님이 더 귀중한 나의 보배라는 말입니다. 주님의 은혜가 감사하므로 이제 주님의 일에 충성하고 싶다는 말입니다.

정말 우리는 어떤 방법으로 물질을 사용해야 합니까?
①교회를 위해서, 주께로부터 온 것을 주님께 드립니다.
②자기의 영혼을 위해서, 육을 위해서만 아니라, 영을 위해서.
③복음을 위해서 이웃을 위해서, 세상을 위해서가 아니라 천국을 위해서.
이렇게 주님께 드릴 때, 더 큰사랑으로 함께 해 주실 것입니다. 더 풍성한 은혜로 더 해주실 것입니다.
구약 이스라엘 백성들은 애굽에서 나올 때, 많은 재물을 갖고 나왔습니다. 그들은 성막을 건축하는데 모든 것을 사용했습니다. 다윗과 그 백성들은 전쟁을 통해서 많은 재물을 모았습니다. 그들은 성전을 건축하는데 모든 것을 사용했습니다. 바벨론에 노예 생활하던 이스라엘 자손들은 많은 재물을 바벨론에서 갖고 왔습니다. 그들은 성전을 재건하는데/ 모든 것을 사용했습니다.

성전은, 하나님께서 이스라엘과 함께 거하시는 하나님의 처소입니다.
교회는 주님의 피로 세우신 주님의 몸입니다. 교회는 하나님께 예배하는 장소이며 하나님께서 은혜 베푸시는 장소입니다.(히4:16)
교회를 통하여 주님은 일하시고, 은혜와 복을 주십니다. 우리의 신앙생활은 언제나 교회를 중심으로 해야 합니다.
주님의 몸 된 교회를 세우는데 우리의 재물을 사용하는 것입니다.

다음으로 물질을, 육신을 위해서만 사용할 것이 아닙니다. 영혼을 위해서 사용할 줄 알아야 합니다.(신앙서적, 찬송가 테잎, 세미나에 참석,

성도들의 신령한 교제) 영혼의 때를 위해 천국 창고에 쌓는 것입니다.

마지막으로 복음 전도를 위해서, 이웃에게 하나님의 사랑을 전하기 위해서 사용할 줄 알아야 합니다.
더 많이 가지려고, 욕심 부리지 마십시오. 도와주고 나누어주십시오.
좀 손해를 보면서 복음을 전하고, 하나님의 사랑을 나누는 기회를 만드십시오.

주님의 방법대로, 물질을 사용한다면, 주님은 더 풍성한 것으로, 더 넉넉히 맡겨주실 것입니다.

49 우리의 병기는?

고후 10:3,4

고린도교회에 거짓 선생들이 찾아왔습니다. 그들은 바울에 대해서 거짓으로 모함을 했습니다. 그래서 고린도교회 성도들 중에, 그 말을 듣고 바울을 오해하는 사람이 생겼습니다. 오해한 고린도교회 성도들에게 바울이 자신을 변호하고 있습니다.

교회는 언제나 성령의 인도하심을 받아야 합니다. 그렇지 않으면 육신의 생각으로 오해와 모함이 생깁니다. 특히 주의 종들에 대해서 모함하는 일은 쉽게 발생합니다. 그것은 성령의 인도함을 받지 않고 육으로 행하는 자들에 의해, 발생하게 됩니다.

첫 사람 아담을 시험한 마귀, 다윗을 시험한 마귀, 예수님을 시험한 마귀, 마귀는 대표자를 시험하고, 무너뜨리려고 합니다.

느헤미야에서 보면, 이방인이 대장인 느헤미야를 죽이려고 하지요.

목회자에 대한 오해와 모함은 마귀의 첫 번째 공격목표이자, 최대의 공격목표입니다.

여러분, 목사가 영의 말을 하는지 육의 말을 하는지 아십니까?

'잘 먹고 잘살다 천국 갑시다.' 그러면 내 영혼을 죽이는구나. 생각하십시오. '예수님의 십자가 은혜 앞에, 자기를 부인하며 헌신하고 충성하다 천국갑시다.' 그러면 내 영혼을 사랑하는구나. 생각하십시오.

예수님 때문에 잘되고 복 받으세요. 마귀도 예수님을 이렇게 꼬였습니다. '너 하나님의 아들의 권세로 잘 먹고 잘 살아라.'

생각 없이 지옥가려고 하는 사람이 있습니다. 자기는 지옥을 안다고 말하지만, 하는 일이 육의 생각으로 지옥갈 일만 합니다. 목사는 지옥이 무서운 것을 아는 사람입니다. 지옥가기 싫습니다. 목사는 여러분의 영혼을 성공시키기 원합니다.

목사와 싸우지 마십시오. 제일 불쌍한 사람입니다.
히 13:17 너희를 인도하는 자들에게 순종하고 복종하라 그들은 너희 영혼을 위하여 경성하기를 자신들이 청산할 자인 것 같이 하느니라 그들로 하여금 즐거움으로 이것을 하게 하고 근심으로 하게 하지 말라 그렇지 않으면 너희에게 유익이 없느니라.

성도는 육신의 자존심과 체면을 갖고 싸우지요. 그러나 목사는 성도의 영혼을 천국으로 인도하기 위해서 싸웁니다.
(목사님, 내 영혼을 위해 간섭해 주세요)
목사에 대해서 무슨 말을 들은 것이 있으면 직접 물어보십시오.
잠 18:17 송사에서는 먼저 온 사람의 말이 바른 것 같으나 그의 상대자가 와서 밝히느니라.
남의 말 듣고 목사를 오해하지 마십시오.

:3,4 우리가 육신으로 행하나 육신에 따라 싸우지 아니하노니, 우리의 싸우는 무기는 육신에 속한 것이 아니요 오직 어떤 견고한 진도 무너뜨리는 하나님의 능력이라.
우리가 육체 가운데 있지만 성도의 신앙생활은, 육체의 방법대로 하는 것이 아닙니다. 우리의 싸움의 방법은 하나님께서 주신 견고한 진을 파하는 강한 힘이다. 그것은 바로 성령님입니다. 기도로 하는 것입니다.

믿음 안에서도 육을 따라 행하는 욕심, 고집, 자존심, 서운함, 원망, 불평이 있는가하면, 성령을 따라 행하는, 자기를 부인하며 온유와 겸손이 있습니다.

:7 너희는 (바울의) 외모만 보는도다.

:8 주께서 (바울에게)주신 권세는 너희를 무너뜨리려고 하신 것이 아니요 세우려고 하신 것이니 내가 이에 대하여 지나치게 자랑하여도 부끄럽지 아니하리라.

:12 그들이 자기로써 자기를 헤아리고 자기로써 자기를 비교하니 지혜가 없도다.

육을 따라 행하게 되면 외모를 보고 판단하게 됩니다. 이런 사람은 모든 사람을, 모든 일을, 자기에게 맞추어 생각합니다. 자기가 기준입니다. 적은 지식을 갖고 자기와 같으면 맞고, 자기와 다르면 틀리다고 합니다. 작은 경험을 갖고 자기가 완전하다고 생각합니다.

이들은 하나님께서 주신 권위를 부인합니다. 이런 사람을 교만하고 어리석은 자라고 합니다. 이런 교만의 치명적인 불행은 하나님의 생명에서 멀어지는 것입니다. 멀어져 있으면서, 멀어져 있는 줄 모른다는 것입니다. 고린도 교회와 고린도 교회에 온 거짓 선생들이 그렇습니다.

거짓 선생은 예수님의 피, 회개, 지옥을 말하지 않습니다. 교회에 나오면 다 천국 간다고 말합니다. 이것은, 거짓말입니다. 예수를 만나야 합니다. 예수를 만나지 않으면, 영접하지 않으면, 천국에 갈 수 없습니다.

:1 너희를 대면하면 유순하고 떠나 있으면 너희에 대하여 담대한 나 바울은 이제 그리스도의 온유와 관용으로 친히 너희를 권하고.

:8 주께서 (바울에게)주신 권세는 너희를 파하려고 하신 것이 아니요. 세우려고 하신 것이니.

:18 옳다 인정함을 받는 자는 자기를 칭찬하는 자가 아니요 오직 주께서 칭찬하시는 자니라.

성령으로 행하는 사람은 하나님의 말씀으로 분별하고, 자기를 부인하고, 겸손합니다. 이런 사람은 온유와 관용으로 행합니다. 하나님께서 주신 권위를 인정합니다. 주님께 인정받고 싶어합니다. 복음안에서 지혜로운 사람입니다.

:5 하나님 아는 것을 대적하여 높아진 것을 다 무너뜨리고 모든 생각을 사로잡아 그리스도에게 복종하게 하니.

육체의 방식으로 행하는 자는, 결국 자기와 상대를 완전히 파탄(破綻)시키게 되고, 성령을 따라 행하는 자는 자기와 상대의 영혼을 구원으로 이끌게 될 것입니다.

하나님 없는 세상의 모든 학문과 생각의, 견고한 진을 파하는 것은 성령의 은혜입니다. 기도와 말씀의 능력입니다.

50 그리스도께 드리려고

고후 11:2,3

주 예수님께서 십자가의 피 값으로 땅에 세운 주님의 몸으로 교회가 있습니다. 그러므로 교회는, 우리의 사업보다 우리의 자존심보다 훨~씬 크고 귀한 것입니다.

주님께서 교회에 직분을 주셨는데,

엡 4:11~15 그가 어떤 사람은 사도로, 어떤 사람은 선지자로, 어떤 사람은 복음 전하는 자로, 어떤 사람은 목사와 교사로 삼으셨으니, 이는 성도를 온전하게 하여 봉사의 일을 하게하며 그리스도의 몸을 세우려 하심이라. (그리하여, 마침내) 우리가 다 하나님의 아들을 믿는 것과 아는 일에 하나가 되어 온전한 사람을 이루어 그리스도의 장성한 분량이 충만한 데까지 이르리니.

주님께서는 교회의 성도 중에, 어떤 성도에게 은혜와 은사를 주시어 목회자로 세우십니다. 목회자는 성도를 정결한 처녀로 그리스도에게 중매하는 사람입니다.

–요한복음 21장, 내 어린양을 먹이라. 내 양을 치라. 내 양을 먹이라.

교회에는 많은 직분이 있지만 크게 두 종류입니다.

목사와 성도, 목자와 양입니다.

목사가 부족하지만, 그래도 목사입니다.

목사는 말씀으로 성도를 양육하는 직분입니다.(요8:32 진리를 알지니 진리가 너희를 자유케...)

그래서 교회 헌법에 보면, 목사는 노회소속입니다. 교회에서 목사로 청빙할 때, 노회에서 허락하고 파송하는 것입니다. 목사는 노회에서 파송을 받아 시무하는 것입니다.

목사는 구약의 제사장 선지자는 아니지만, 그 기능은 같습니다.

(예배주관, 말씀 가르침, 말씀 선포함). 목사는 나이가 적어도 교회에서는 제일 지도자입니다.(레21:4, 민3:32 백성의 어른)

두 종류의 유혹으로, 성도가 그리스도에게서 떠나가고, 부정하게 되는 모습을 볼 수 있습니다.

:3,4 뱀이 그 간계로 하와를 미혹한 것 같이 너희 마음이 그리스도를 향하는 진실함과 깨끗함에서 떠나 부패할까 두려워하노라. 만일 누가 가서 우리가 전파하지 아니한 다른 예수를 전파하거나 혹은 너희가 받지 아니한 다른 영을 받게 하거나 혹은 너희가 받지 아니한 다른 복음을 받게 할 때에는 너희가 잘 용납하는구나.

욕심과 미혹이 찾아옴으로 하나 되지 못하는 바울과 고린도교회의 모습을 봅니다. 목회자와 성도가 서로 신뢰하고 그래서 믿음이 성장하며, 성숙해야 하는데,

– 우리에게 찾아오는 미혹은 자신을 과신하고, 서로 불신하게 하며, 목회자에 대한 신뢰를 깨뜨린다.

하나는 개인적인 미혹입니다.(옛 뱀, 마귀, 사단, 귀신, 미혹하는 영)

자기 욕심에 이끌린 미혹으로 떠나가는 것입니다. 개인적인 미혹이 찾아오게 되면, 성도들은 목사가 아니더라도 신앙생활을 다 잘할 수 있고,

또 잘 하는 것처럼 생각합니다. 그래서 가르침을 받지 않으려고 한다.
대하 18장 부귀, 영광.. 잘되는 여호사밧 1,아합과 연혼. 2,기르앗 라못(아람) 공격.
정략결혼: 하나님께 묻지 않고, 길르앗 라못 공격: 하나님께 묻습니다.
그리고 길르앗 라못에서 죽는다는데 왜 가나? 그럼 왜 물었나?

다른 하나는 다른 사람에 이끌린 미혹으로 떠나가는 것입니다.
사람으로 미혹이 찾아오면, 바른 복음의 진리로 내 영혼을 돌봐주는 자가 누군지 잃어버리게 됩니다. 정말 성도의 영혼을 걱정하고, 기도해주는 것은 본 교회 목회자인데, 누군가 찾아와서, 또는 다른 교회 목회자가 찾아와서 무엇인가 한 마디 하면, 정말 그런 것이 아닌가하고.
잘한다고 교만에 빠지기도 하고 그 말에 넘어가게 됩니다. 미혹이 찾아온 것입니다.
목사님들은 내 교회 성도만 생각합니다. 다른 교회 이전에 시무하던 교회는 생각하지 않습니다.(주님의 부르심과 주님이 맡겨준 사명이기 때문이다. 성도와 목회자의 관계는 사명적 관계입니다)

미혹이 찾아오면 믿음에서 떠나게 됩니다. 고린도교회 성도들처럼 목회자에 대해 오해를 합니다. 나는 잘하고 있고 이만하면 됐다고 생각합니다. 그리고 목사가 별 것 아닌 것처럼 보여 집니다. 성도가 목사를 가르치려고 합니다. 그러나 성도는 언제나 성도라는 것을 알아야 합니다.
자기는 잘하는 것 같지만 실상은 모르고 있고, 못하고 있는 것입니다.
주님이 정하시고 세우신 질서가 있습니다. 그러므로 혼자 교만하지 말고 신앙생활을 목회자에게 물어보십시오.
교회만 오면 잘하고 있다고 생각하지 마십시오. 교회만 오는 것이 아니라, 예수님 닮아 성장 성숙되고 열심 헌신 충성해야 합니다.

- 연애: 신분을 초월한다(예수님과 교회, 솔로몬과 술람미 여인)
- 중매: 비슷한 수준을 맞춰주는 것이다. 천국에서 만날 때, 걸 맞는 수준이 되어야 한다.

주님께서 이렇게 말씀하십니다.

갈 6:3~8 만일 누가 아무 것도 되지 못하고 된 줄로 생각하면 스스로 속임이라. 가르침을 받는 자는 말씀을 가르치는 자와 모든 좋은 것을 함께 하라. 스스로 속이지 말라 하나님은 업신여김을 받지 아니하시나니 사람이 무엇으로 심든지 그대로 거두리라. 자기의 육체를 위하여 심는 자는 육체로부터 썩어질 것을 거두고 성령을 위하여 심는 자는 성령으로부터 영생을 거두리라.

목회자는 성도를 그리스도 앞에 정결한 처녀로 중매하고 싶어합니다. 영적인 사랑과 사모함 열심 감사 충성의 사람이 되기를 원합니다. 그런데 성도는 미혹을 받아 세상으로 나간다면, 주님의 마음을 크게 오해한 것입니다.

그래서 말씀 드리는데 마음과 뜻과 정성을 다하여 예배하기를 힘쓰시기 바랍니다.(행2:46,히10:25) 예배 시간, 시간마다 모이기를 힘쓰고, 특별히 앞자리에 앉으십시오.(앞자리: 사모하는 자리)

자기를 주님 앞에, 아름답게 만들어 가시기 바랍니다. 거룩하신 주님 앞에 섰을 때, "부끄럽지 않도록"

그래서 목사는 말할 수 있어야 되고, 성도는 들을 수 있어야 합니다.

내가 듣고 싶은 말을 듣고 싶어 하지 마십시오. 주님이 내게 하고 싶은 말을 들으시기 바랍니다. 말씀이 들려지게 하기 위해서, 모든 죄와 불

의함에서 떠나야 합니다.(딤후 2:19)
자기를 새롭게 하려면, 사심을, 육신의 욕심을 내려놓으시기 바랍니다.
나는 다 된 사람이라는 생각을 내려놓아야 합니다.

주님 만날 때, 주님이 보시고 기뻐하시도록 말씀으로 자기를 정결한 신부로 만들어 가시기 바랍니다. 날마다 성령님과 동행하고 정결한 모습으로 천국에 들어가시기 바랍니다.

(기도) 성령님, 나로 예수님 닮게 하옵소서.
예수님의 사랑에 걸 맞는 사랑으로, 예수님을 사랑하게 하소서.
예수님의 충성에 걸 맞는 충성으로, 예수님을 사랑하게 하소서.

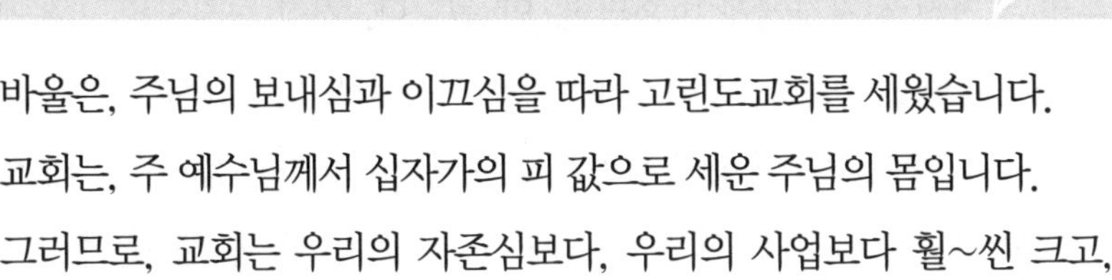

51 내가 약할 그때에

고후 12:7~10

바울은, 주님의 보내심과 이끄심을 따라 고린도교회를 세웠습니다. 교회는, 주 예수님께서 십자가의 피 값으로 세운 주님의 몸입니다. 그러므로, 교회는 우리의 자존심보다, 우리의 사업보다 훨~씬 크고, 귀한 것입니다. 할렐루야!

고린도교회에는 많은 문제가 있었습니다.
고린도후서 11장과 12장, 두 장에서 사도 바울은, 특별히 자신의 사도의 직분을 변명하기 위해서, 많은 부분을 할애합니다.
'나는 사도다. 나는 주님의 보내심을 받아 이 일을 한다'
왜 그렇습니까? 바울은, 주님의 보내심을 따라, 사도로서 고린도교회를 정말로 사랑하고 영적으로, 거룩함으로 세우려고 하는데, 고린도교회는, 찾아온 거짓선생들에게 속아서 바울을 의심하고 배척합니다.
목회자가 자기를 변명한다는 것은 참으로 불행한 일입니다. 또한 교회에서 목회자를 배척한다는 것도 참으로 불행한 일입니다. 이러한 불행은 주님의 사랑과 복음을 오해한 결과입니다. 주님의 일하심과 질서를 오해한 결과입니다.

고후11:13~15 저런 사람들은 거짓 사도요 궤휼의 역꾼이니 자기를 그리스도의 사도로 가장하는 자들이니라. 이것이 이상한 일이 아니라 사단도 자기를 광명의 천사로 가장하나니. 그러므로 사단의 일꾼들도 자기를 의의 일꾼으로 가장하는 것이 또한 큰 일이 아니라 저희의 결국은

그 행위대로 되리라.

거짓 선생들은 바울에 대해서 잘 알지도 못하면서 다 아는 것처럼 모함을 합니다. 그리고 자기들이 고린도교회를, 차지하고 있는 것입니다.

우리는 거짓 선지자에게 미혹되면, 안 됩니다. 거짓 선지자의 미혹에 따라가지 마십시오. 거짓 선지자는 육신의 생각을 말하면서 영적인 생명을 주지 않습니다. 세상의 성공은 말하면서 주님의 마음과 천국의 성공은 말하지 않습니다. 교회에 나오라고는 말하지만 예수님을 주님으로 영접하라고는 말하지 않습니다. 육신의 영광을 부추기면서 자기를 부인하고 자기 십자가를 지라고는 말하지 않습니다.

마귀와 거짓 선지자는, 논리적으로 과학적으로 합리적으로 그리고 예쁘고 멋있는 모습으로 듣기 좋은 말로 찾아옵니다. 그러나 그 말을 듣고 따라가면, 결국은 망하게 됩니다.

이제, 바울은 사도로서, 주님과 함께 한 많은 수고를 말합니다.

:5 내가 이런 사람을 위하여 자랑하겠으나 나를 위하여는 약한 것들 외에 자랑하지 아니하리라.

바울은, 자기를 자랑하지 않습니다. 자신에 대해서는 자신의 연약한 것을 자랑하고, 주님에 대해서는 주님이 이렇게 쓰셨다고, 주님의 은혜와 능력을 자랑합니다. 이것이 사도라는 증거라고 말하는 것입니다.

바울은 모든 영광은 주님께 돌리고 자기의 연약한 것을 말하고 있습니다. 내가 이렇게 많이 했다고 자랑하는 사람은 아직, 잘 모르고 있는 것입니다. 또 혹시 미혹되고 있지 않나, 살펴봐야 합니다.

성도는, 주님의 손에 쓰여지기 위해서 항상 자기의 연약함을 알고 인정해야 합니다. 원래 우리에게는 영적인 일을 할 능력이 없습니다.

오직 성령님이 쓰셔야 합니다. 자기의 연약함과 무능함을 인정할 때, 성령님이 붙들고 사용하시는 것입니다.

주님이 부르시고 쓰시는 바울의 몸에 중대한 질병이 있었습니다.

:7 육체의 가시 곧 사단의 사자.

중대한 안질 또는, 간질이었다고 말합니다. 어느 것이든, 사람이 보기에는 부끄러운 것입니다. 그러나 중요한 것은 주님은 자기를 낮추고, 겸손한 자를 주님의 크신 능력으로 쓰신다는 것입니다.

바울은 이 질병이 치료되길 원했습니다. 세 번이나 간절히 기도했습니다. 그러나 하나님께서, 치료해 주지 않으셨습니다. 하나님께 능력이 없는 것이 아닙니다.

:9,10 나에게 이르시기를 내 은혜가 네게 족하도다 이는 내 능력이 약한 데서 온전하여짐이라 하신지라 그러므로 도리어 크게 기뻐함으로 나의 여러 약한 것들에 대하여 자랑하리니 이는 그리스도의 능력이 내게 머물게 하려 함이라. 그러므로 내가 그리스도를 위하여 약한 것들과 능욕과 궁핍과 박해와 곤고를 기뻐하노니 이는 내가 약한 그때에 강함이라.

바울의 질병은 바울이 교만하지 않고, 하나님만 바라보고, 하나님을 의지하게 하는 하나님의 선물이었습니다.

혹시, 질병이 있습니까? 부끄러워하지 마십시오. 치료되기 위해 기도하십시오. 열심히 운동도 하십시오. 병원에 가고, 약도 쓰십시오. 그러나 안 되면, 바울처럼 친구하고 사십시오. 그냥 갖고 사는 것입니다. 중요한 것은 주님께 쓰임을 받는 것입니다. 내가 연약해도 주님이 일하시는 데는 전혀 문제가 없습니다. 내가 박사라도 무식해도, 부자라도 가난해도, 잘생기고 못생기고 상관이 없습니다. 주님은 누구나 다 쓰실 수 있습니다. 주님이 쓰시지 않는 것이 문제입니다. 주님 앞에 겸손하여, 쓰임 받는 것이 중요합니다. 아무리 잘났어도 주님이 쓰시지 않으면, 불행한 것입니다.(새로 산 호미, 낡은 호미) 내가 하는 것이 아니라, 주님이 쓰시는 것입니다.(고전1:26~29)

질병이 문제가 아닙니다. 하나님의 손의 붙들려 쓰임을 받는 것이, 더 크고 중요한 일입니다. 그런 의미에서 바울의 질병은 하나님의 은혜요. 축복이었습니다. 나는 못났습니다. 나는 못합니다. 더 주님을 바라보고, 더 주님을 의지하십시오. 더 기도하십시오. 더 겸손해서, 더 주님을 의지하시고 주의 나라를 위해 아름답게 쓰임 받으시기 바랍니다.

고전 9:26,27 그러므로 나는 달음질하기를 향방 없는 것 같이 아니하고 싸우기를 허공을 치는 것 같이 아니하며, 내가 내 몸을 쳐 복종하게 함은 내가 남에게 전파한 후에 자신이 도리어 버림을 당할까 두려워함이로다.

성도에게 주어지는 모든 은혜와 은사와 축복은 예수님의 십자가 때문입니다. 우리는 모두 영적으로 죽은 자였습니다. 원래 내 능력은, 죄 지을 능력밖에 없습니다. 무엇이 있다고, 무엇을 가졌다고 잠시라도 교만하면 쓰임 받고도 버림받게 됩니다.

잠 29:23 사람이 교만하면 낮아지게 되겠고 마음이 겸손하면 영예를 얻으리라.

사울왕 = 겸손할 때, 이스라엘의 왕이 되었고 말씀을 버리고 교만할 때, 버림이 되었습니다. 히스기야 = 겸손할 때, 구원을 받았고(앗수르

18만5천, 15년연장) 교만할 때, 버림이 되었습니다.
예수님 = 온전히 겸손하여 말씀에 순종하므로 온 인류의 구주와 부활의 영광을 가지셨습니다. 만왕의 왕, 심판의 주가 되셨습니다.

자기의 모습, 그대로 인정하고, 쓰시는 주님과 겸손히 동행하여, 주님의 교회를 세우는 주님의 일군으로 쓰임을 받으십시오.

52 너희를 확증하라

고후 13:5

우리는 예수님을 믿어 성도라고 부르지만 우리는 여전히 육체 가운데 살고 있습니다. 거짓 선생들은 하나님의 자녀라는 신분과 우리의 육체를 분리합니다. 그러나 살아있는 동안에 구분을 할 수 있지만, 분리는 할 수 없다. 거짓 선생들은 육체는 죄를 짓지만 영혼은 죄를 짓지 않고 거룩하다고 말합니다. 그러나 그 말은 거짓입니다(영지주의, 구원파) 성도의 신분과 육체의 행위는 분리할 수 없는 하나입니다.

성도가 세상을 사는 동안에 육체와 영혼의 갈등이 있습니다.
고후 12:20,21 내가 갈 때에 너희를 내가 원하는 것과 같이 보지 못하고 또 내가 너희에게 너희가 원하지 않는 것과 같이 보일까 두려워하며 또 다툼과 시기와 분냄과 당 짓는 것과 비방과 수군거림과 거만함과 혼란이 있을까 두려워하고, 또 내가 다시 갈 때에 내 하나님이 나를 너희 앞에서 낮추실까 두려워하고 또 내가 전에 죄를 지은 여러 사람의 그 행한 바 더러움과 음란함과 호색함을 회개하지 아니함 때문에 슬퍼할까 두려워하노라.
다툼, 경쟁이나 불화함, 성도끼리 다투지 말고 싸우지 마세요.
시기, 잘못된 동기와 목적으로 경쟁하는 미움의 감정.
분냄, 이성을 잃어버리고 일시적인 흥분으로 분노를 나타내는 것.
당짓는 것, 개인적인 이기심으로, 파벌을 조성하고 음모를 꾸미는 것.
해할 나쁜 계획.

중상함과 수근수근 하는 것, 남을 욕하고 험담하는 것.
거만, 자신만이 최고라고 하는 우월 의식.
어지러운 것, 난동을 부리는 것(폭력). 더러움, 음란함, 호색함.
여기에 동참하지 말고 안 된다고 하십시오. 성도가, 힘들겠지만 마을에서도 욕심 부리지 않고, 불의와 타협하지 않고 똑 부러지게 이장하면 좋겠습니다.
이런 것들은 세상 욕심으로 나타나는, 육체의 일들로, 영혼은 생각하지 않고 나를 나타내고, 나를 높이려는 일입니다. 육체의 일은 교회 공동체의 거룩함을 깨뜨립니다. 망하게 합니다
–롬 1:32, 사형에 해당한다,
–갈 5:21, 하나님나라를 유업으로 받지 못한다)

:5 너희가 믿음에 있는가 너희 자신을 시험하고 너희 자신을 확증하라
예수 그리스도께서 너희 안에 계신 줄을 너희가 스스로 알지 못하느냐 그렇지 않으면 너희가 버리운 자니라.
이 말씀은 죄의 종으로, 육신의 종으로 살지 말고 제발 믿는 자처럼 살아라 하는 말이지요. 이 말씀을 통해서 사도바울의 답답한 심정을 읽어 볼 수 있습니다. 성도는 성령으로, 믿는 자 다운 모습이 있어야 합니다.

히 6:4~8 한번 비췸을 얻고 하늘의 은사를 맛보고 성령에 참여한 바 되고, 하나님의 선한 말씀과 내세의 능력을 맛보고, 타락한 자들은 다시 새롭게 하여 회개케 할 수 없나니 이는 자기가 하나님의 아들을 다시 십자가에 못 박아 현저히 욕을 보임이라. 땅이 그 위에 자주 내리는 비를 흡수하여 밭가는 자들의 쓰기에 합당한 채소를 내면 하나님께 복을 받고, 만일 가시와 엉겅퀴를 내면 버림을 당하고 저주함에 가까와 그

마지막은 불사름이 되리라.

땅은, 성도를 말합니다. 비는 말씀과 성령의 은혜를 말씀하십니다.

합당한 채소는, 말씀과 성령의 열매를 말씀하십니다.

예수님을 믿고, 성령을 받은 하나님의 자녀가 되었다면, 하나님의 말씀을 듣고, 순종하여 하나님께 합당한 열매, 합당한 삶이 나타나야 합니다. 세상보다 더 좋은 영원한 천국을 가졌다고 말하면서, 세상 사람과 똑같이, 또는 세상 사람보다 더 육체의 소욕으로 산다면(욕심), 가시와 엉겅퀴만 만들어 내고 있다면 그 구원을 누가 인정하겠습니까?

그러므로 언제나 말씀 안에 살고 있는 가? 자신을 확인해 봐야 합니다.

성도가 내가 구원 받았나? 안 받았나? 어떻게 알 수 있습니까?

전12:9,10 전도자는 지혜자이어서 여전히 백성에게 지식을 가르쳤고 또 깊이 생각하고 연구하여 잠언을 많이 지었으며, 전도자는 힘써 아름다운 말들을 구하였나니 진리의 말씀들을 정직하게 기록하였느니라.

하나님의 은혜로 왕이 된 솔로몬이 하나님의 말씀을 떠나 죄와 우상숭배 가운데 살았습니다. 그럼에도 불구하고, 하나님께서 주신 지혜는 여전히 있었습니다. 솔로몬이 타락했음에도 하나님이 주신 은사는 여전히 있었습니다.

내 느낌이 그러니까? 교회에 다니니까? 모태신앙이니까? 아닙니다.

은사가 여전히 나타난다고 하나님 앞에 있다고 생각하지만 아닙니다.

자기에게 속지 마십시오.

구원의 확증은 느낌? 직분? 열심? 모태신앙? 아닙니다.

구원의 확신을 가지면 좋겠지만, 그것이 구원을 보장하는 것은 아니다.

구원의 확신은 지금 주님과, 지금 말씀과 동행하고 있는냐? 하는 것입니다. 지금 말씀과 동행하는 있는 삶이 구원입니다. 구원의 확증입니다.

:5 너희가 믿음에 있는가 너희 자신을 시험하고 너희 자신을 확증하라

①예수님의 십자가의 죽으심이 "내"것이라고 믿어지십니까? (요 1:12,13)

②예수님을 "나의 주님"으로 인정하며, 살아가십니까? (고전12:3)

③하나님을 "내 아버지"라고 부르며, 살아가십니까? (갈4:6)

④성령으로 간섭받고 그 말씀 안에 살아가십니까? (롬8:13,14)

요 14:2,3 내가 너희를 위하여 처소를 예비하러 가노니, 가서 너희를 위하여 처소를 예비하면 내가 다시 와서 너희를 내게로 영접하여 나 있는 곳에 너희도 있게 하리라.

정말로 예수님을 믿어 구원받은 하나님의 자녀입니까?

예수님은 우리에게 천국을 주시기 원하십니다.

세상 일로 원망하고 불평하지 마십시오. 감사함으로 주님께 구하십시오. 믿음을 빼앗기지 마십시오. 성령의 사람이 되십시오.

이번 한 주간도 천국을 소유한 사람으로 영, 육간에 거룩한 삶을 살아가시기 바랍니다.

53 형제들아

고후 13:11~13

고린도교회는 문제가 많았던 교회입니다. 성령의 은혜와 은사가 풍성했음에도 불구하고 많은 갈등이 있었습니다. 우리는 사람의 문제를 성령의 은혜와 은사가 문제인 것처럼 생각하는 경향이 있습니다.
그러나 성령의 은혜와 은사가 잘 못된 것이 아니라, 사용하는 사람에게 문제가 있는 것이지요. 사람의 문제 때문에 성령의 은혜와 은사를 배척하면, 안됩니다.

성도의 신앙생활은 언제나 말씀 안에 사는 생활입니다. 말씀 안에서 신앙생활을 만들어 가야합니다. 말씀이면 취하고, 말씀이 아니면 버려야 합니다. 그래서 진리를 보지 않고 사람을 보면, 나누어지고, 다투게 되고 문제가 생깁니다.
하나님께서 고린도 전, 후서를 통해서 칭찬하면서, 또는 책망하면서 권면하는 것은, 고린도교회를 하나님의 은혜 가운데 바로 세우고자 하는 것이었습니다.

이제, 고린도후서 마지막에서 사도 바울은 형제들아 기뻐하라고 말하고 있습니다.

:11 마지막으로 말하노니 형제들아 기뻐하라.

많은 문제도 있고, 다툼도 있지만 그러나 하나님의 자녀인 것을 확인하라는 것입니다. 하나님의 은혜가 함께 하고 있으니 소망을 가지라는 말입니다.

:11 온전케 되며

주님의 은혜로 인하여 소망을 갖고 온전케 되도록 하라고 말씀하십니다. 고린도 교인들은 모습은, 정말 온전케 되어야 합니다. 환자의 몸이 건강하게 회복되듯이 무질서와 방탕함에서 벗어나서 다시금 영성(靈性)을 회복하여 아름다운 신앙인의 모습이 되어야 합니다.

온전케 되려면, 말씀을 듣고, 순종하며, 온전케 하시는 주님과 교제해야 합니다. 누구든지 태어나면서부터 어른으로 만들어지지 않습니다. 계속 성장해야 합니다. 한 번 은혜 받았다고 단 번에 성장하는 것이 아닙니다. 계속적으로 말씀과 기도로 순종할 때, 성장하며 성숙할 수 있습니다. 그러므로 성장하기도 전에 포기하지 말아야 합니다.

:11 위로 받으며

이 말은 '서로 서로 격려하라' 는 말입니다. 다툼과 분냄, 당 짓는 것, 중상함과 거만한 모습의 고린도교회는, 사랑을 회복하여 서로 격려함의 미덕이 필요합니다.

온전케 되기 위해서는 많은 고난과 고통도 있습니다. 그러므로 많은 위로가 필요합니다. 성도도, 목회자도 위로가 필요합니다. 서로 사랑하고 서로 용납하고 서로 존경하시기 바랍니다.

성령님을 보혜사라고 말씀하시지요. 보혜사라는 말에는 위로자라는 뜻이 담겨져 있습니다. 성도들은 서로 위로하고 격려하되 꼭, 성령의 위로와 격려를 받으려고 하십시오.

:11 마음을 같이 하여

동일한 생각과 사상을 지니라는 의미입니다. 하나의 복음, 하나의 그리스도, 하나의 천국이라는 믿음에 동의해야 하며, 동일한 신앙고백 위에 온유와 겸손으로 하나가 되어야 합니다. 이렇게 될 때, 무슨 일이든 열심히 하고, 이루어 나갈 수 있습니다.

:11 평안할지어다. 또 사랑과 평강의 하나님이 너희와 함께 계시리라.

이렇게 말씀에 순종하며, 서로 위로하며, 믿음으로, 서로 사랑으로 하나될 때, 사랑과 평강의 하나님이 함께 하심을 경험하게 됩니다. 하나님을 경험하는 것은 같은 마음을 가진 결과입니다.

우리 ○○교회는 하나이며, 하나가 되어야 합니다. 인간의 욕심이나, 교만, 자존심으로 하나된 것이 깨어지면 안 됩니다. 온유와 겸손으로 하나되어야 합니다. 성령으로 하나 됐다가 육체로 깨어지면 안 됩니다.

감사로 하나 됐다가 원망과 불평으로 깨어지면 안 됩니다.

:13 주 예수 그리스도의 은혜와 하나님의 사랑과 성령의 교통하심이 너희 무리와 함께 있을지어다.

값없이 주시는 주 예수님의 십자가의 대속의 은혜가 없으면 아무도 죄용서 받지 못합니다. 죄인을 위해 독생자를 주신 하나님의 사랑하심이 없다면 아무도 천국에 갈 수 없습니다. 성령의 교통하심이 없으면 아무도 세상과 육체와 마귀를 이길 수 없습니다.

주님의 은혜와 하나님아버지의 사랑과 성령의 교통하심이 항상 함께 하도록, 기도하며, 진리의 말씀을 따라 거룩하고 경건한 삶을 사십시오.

교회 치유 복음 고린도전후서

1판 인쇄일, 2019년 10월 8일
1판 발행일, 2019년 10월 15일

글쓴이_ 서무석
펴낸이_ 한치호
펴낸곳_ 종려가지
등　록_ 제311-2014000013호(2014. 3. 21)
주　소_ 서울특별시 은평구 은평로 14길 9-5
전　화_ 02. 359. 9657
디자인_ 표지 이순옥/ 내지 이수연
제작대행 세줄기획(02.2265.3749)
영업(총판) 일오삼
전　화_ 02. 964.6993 팩스 2208.0153

값 12,000 원

ISBN 979-11-87200-76-5 03230

이 도서의 국립중앙도서관 출판예정도서목록(CIP)은 서지정보유통지원시스템 홈페이지(http://seoji.nl.go.kr)와 국가자료종합목록 구축시스템(http://kolis-net.nl.go.kr)에서 이용하실 수 있습니다. (CIP제어번호 : CIP2019039139)